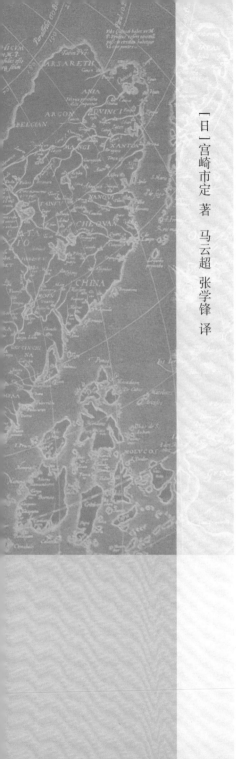

［日］宫崎市定 著

马云超 张学锋 译

宫崎市定
亚洲史论考杂纂

图书在版编目（CIP）数据

宫崎市定亚洲史论考杂纂／（日）宫崎市定著；马云超，张学锋译.—上海：上海古籍出版社，2018.5
（宫崎市定亚洲史论考）
ISBN 978-7-5325-8817-6

Ⅰ.①宫… Ⅱ.①宫…②马…③张… Ⅲ.①亚洲—历史—研究 Ⅳ.①K300.07

中国版本图书馆 CIP 数据核字（2018）第 077355 号

宫崎市定亚洲史论考
宫崎市定亚洲史论考杂纂
〔日〕宫崎市定 著
马云超 张学锋 译
上海古籍出版社出版发行
（上海瑞金二路 272 号 邮政编码 200020）
（1）网址：www.guji.com.cn
（2）E-mail：guji1@guji.com.cn
（3）易文网网址：www.ewen.co
苏州市越洋印刷有限公司印刷
开本 850×1168 1/32 印张 4.75 插页 5 字数 94,000
2018 年 5 月第 1 版 2018 年 5 月第 1 次印刷
ISBN 978-7-5325-8817-6
K·2479 定价：38.00 元
如有质量问题，请与承印公司联系

《亚洲史论考》上卷前言

这一本冠以我姓名的《亚洲史论考》由上、中、下三卷组成，上卷定名为《概论编》，中卷为《古代·中世编》，下卷为《近世编》，计划按顺序陆续出版发行。

在上卷的《概论编》中，收录了我出版较早、并且现在均已绝版了的单行本五种和短篇论文一种。自己当初设定的选书标准，正像该卷定名为《概论编》所显示的那样，尽量选择那些能够反映历史发展的大趋势、专业性不是太强、容易为一般读者所理解的篇章。尽管如此，收录的各种书籍和论文，自有其不同的成书背景，因此又很难全部满足上述标准。

首先收录的是《东洋的朴素主义民族与文明主义社会》。这个单行本原是羽田亨博士①主编的《支那历史地理丛书》②中的一种,也是我最早出版的单行本著作。我大正十四年(1925)③大学毕业,这本书的出版是在昭和十五年(1940),其间相隔约十五年。因此可以说,这个单行本总结了我这十五年间对东亚历史问题的一些研究心得;而书的出版,也得以使这十五年间的研究工作告了一个段落。然而,这个单行本毕竟是距今三十五年前的东西了,内容上有诸多不到之处,文章也显得稚拙,如今再次刊行,难免让人汗颜。然而反过来想,我在这本书中提出的许多问题,迄今为止几乎没有得到过学术界的认真讨论,很多观点就此被束之高阁,因此,今天看来,此书并非完全是无用之物。

参照古代希腊的社会发展阶段,将中国上古时期春秋前后的社会称为"都市国家"④时期,这在日本恐怕是本书最早提出来的。此后虽经三十余年,直至今日,我更加确信这一提法并没有错。但是,在我国学术界中,赞成的人当然是少数。自己提出的这一观点几乎不被人们所接受,这对于我来说无论如何也理解不

① 羽田亨(1882—1955),1907 年毕业于东京帝国大学(今东京大学)支那史学科,1909 年任京都帝国大学(今京都大学)文科大学讲师,后升任副教授。1922 年获文学博士学位,1924年就任京都帝国大学文学部教授。在北方史、西域史、中亚史、敦煌学、东西交通史、民族学等各领域成果卓著,著有《西域文明史概论》《西域文化史》《羽田博士史学论文集》上下卷等。本书中着重号为原作者所加,脚注均为译者所加。
② 本译著中,原著叙述中出现的"支那"一词均改为"中国",为保存必要的历史感觉,"二战"结束以前出版的图书论文,以及同时期的学科名称、学会名称等专有名词中的"支那"一词不改。
③ 原著中多用日本年号纪年,括注中的公元纪年为译者所加,以下不一一说明。
④ "都市国家"是宫崎市定对古代希腊 polis 的翻译,我国学术界通常译成"城邦国家"。"都市国家"是宫崎市定中国上古史研究中的重要命题,为免产生歧义,本译著将与之性格相似的中国春秋时期的城邦国家径译为"都市国家",而将欧洲历史上的 polis 译作"城邦国家"。

了。人们不愿接受的理由,如果是因唯物主义史观无视或者轻视都市国家的存在所致,那么,不得不说这真是太无聊了。历史研究中的理论,只有能够更好地解释历史事实才有它存在的意义。以理论为中心,选择一些合乎理论的史实来证实或充实理论,若以此为能事,这就不是历史学了;同时,理论也就不称之为理论了。如果都这么做,不就陷入唯物史观的观念论之中了吗?

至于站在西方史学的立场上,从都市国家的定义出发,认为如果满足不了这个定义中的种种条件就不能称之为都市国家,对于这种原则性的批评,同样也无法首肯。说实话,这样的定义,即使是在都市国家最典型的古代希腊,恐怕也难以成立,谁也未曾论证、也无从论证曾经存在于古代希腊、罗马的无数的都市国家,它们中间的每一个都完全合乎都市国家的定义。事实上,能够详尽到如此程度的历史学在这世界上是不存在的。因此,这种批评,不得不说是过度崇拜西方文化的弊端所致。

除此之外,本书在对中国上古历史的理解中,还对"春秋五霸"的性质提出了自己的看法。"春秋五霸",我认为是异民族在华夏化过程中出现的现象。这一场起因于异民族的强国之间的争霸,到了战国时期变得更加炽盛,甚至在楚汉之争中都可以寻觅到它的影子。经过堪称古代帝国的汉王朝四百年的统治,各民族之间逐渐融合,最终形成了同文同种的民族意识。

从三国开始,中国进入了中世纪,新的对立在汉人和北方各族群之间兴起,欧洲中世纪呈现出来的那种民族大迁徙,在中国也发生了。异民族不断侵入中国内地，并在中国内地定居、同化。作为这一时期的历史特征，我注意到，异民族对中国文化的憧憬是非常强烈的，而固守自己民族传统习俗的意识却很淡薄。在社会经济方面，构成这一时期历史特征的均田制，其本质与此前政府按一定标准向农民授田，培植小农经济，将重农政策推向极致的神话般的理想主义土地分配制度不同，它反映的正是这一时期因大土地所有制的盛行而导致的土地集中的社会问题，所谓的"均田"，实质上只能是天子庄园中的土地。

这样的社会结构一直持续到唐代，因而，将唐帝国视作中世纪国家是非常贴切的，在国家性质上，唐帝国与在上古都市国家的残骸——乡亭集合体基础上形成的汉帝国大不相同。基于这一认识，对那些将汉唐视为前后相承的古代帝国的学说，我是无法赞成的。唐帝国的弱点也正在于其具有中世纪的时代特征，因此大唐盛世不会长久。唐中期以后，由于军阀割据愈演愈烈，国家分裂的倾向也日益加强，最终迎来了五代十国的对立局面，中世纪也随之告终。

将宋朝以后视为中国的近世社会，这对于我们来说是内藤湖南博士以来的传统。从中国历史发展的事实出发，这一学说无论如何都是难以动摇的。从社会层面上来说，中世纪的门阀贵族退出了历史舞台，取而代之的是具有近世社会特征的读书人，即士大夫构成了国家的统治阶层。读书人即士大夫阶层的形成，朝廷的官员录用制度即科举制在其中起到了重要的作用。科举制源于隋朝,进入唐朝以后日渐兴盛。科举出身者的势力日益加强,以至于结成党派与门阀贵族争势夺利。进入宋代以后,贵族势力彻底衰败,科举出身的士大夫阶层独占了朝廷的显要地位,成为政界和官场上的核心力量。

隋代开凿的大运河,其功能得以充分发挥,以至于最终成为中国交通运输的大动脉,这也是进入宋代以后才完成的。宋代以后,中国社会几乎完全进入了商品经济的时代,以至于各地的很多物产从一开始就被作为商品来生产。与商品经济发展同步的是商业城市的兴起,这也是中世纪见不到的现象。宋朝政府为了适应商品经济发展的需要,倾全力增铸铜钱,扩大货币的流通量。中国近世的士大夫阶层,也就是在这种经济形态的背景下成长起来的。在农村,他们是大地主;在城市,他们是大资本家。他们以财力为基础,教育子弟,使其科举及第,从而进入仕途,获得官僚的地位。

平定五代诸国、统一中国的宋王朝,不得不再次承受与北方民族对立的命运。从此以后的中国,不得不面对一个接一个的北方民族——辽、金、蒙古,民族变了,但势力却越来越强。进入近世以后出现的一个新的现象就是,与中国对立的北方民族,无一不具有强烈的民族自觉意识。与此前相比,宋朝以后崛起的北方民族最具特征性的一点就是,他们都创造和使用了能够表达本民族语言的文字。他们的民族自觉性来自历代北方民族被汉族同化、融合,最终走向民族消亡的历史教训,为了避免重蹈覆辙,他们在保存本民族传统文化方面做出了最大的努力。这项政策在一定程度上取得了成功,金比辽更加强盛,代金而起的蒙古则更加强大,以至于建立起了横跨欧亚大陆的大帝国。然而,他们虽然在保存本民族的传统方面尽了最大的努力,但他们民族固有的传统中却缺少优秀的文化,在优秀的中国文化面前,最终没有能够逃脱衰败的命运。

对上古社会而言的中世纪社会,以及对中世纪社会而言的近世社会,无一不是对前一个时代的否定。然而,对近世社会而言的最近世(近代)社会,并不是对近世社会的否定,而是近世社会性质加速发展的结果。在这个单行本中,已经没有论说近代东洋问题的余暇,故止于近世。

接下来收进本《论考》的是《中国古代史概论》、《六朝隋唐的社会》和《东洋的近世》三种。这三种是《东洋的朴素主义民族与文明主义社会》出版十余年后问世的,可以说是用这十几年间获得的新知对前者的一个补充,观点和立场没有根本性的变化。

在《中国古代史概论》①中我认为,中国文化在形成过程中受到了起源更加悠久的西亚文化的影响。本书还对欧亚大陆铜、铁两种文明的产生与传播路线进行了图解,在此基础上,对古代史中的一些问题试着做了解释。

《六朝隋唐的社会》是发表在学术期刊上的一篇论文,在本

---

① 在京都学派和宫崎史学中,"中国古代史"或"中国古代社会"中的"古代",指中国有史以来至两汉时期的历史与社会。

《论考》中实属例外。之所以要选录这篇论文,是因为在古代与近世之间必须要有一个过渡性的说明。在这篇短文中,我并没有准备对中国的中世纪历史进行深入的探讨,而只是通过一些并不连贯的史实来描述凄惨的中世纪社会的另一面,表明我对中世纪这个时代的基本看法。近来有一种倾向,就是试图否定中世纪社会的黑暗性质,有的甚至发展到了赞美中世纪的地步。对于这一种风潮,我无法与之同调。

在《东洋的近世》①一书中,我比较详细地对社会经济方面的问题,尤其是大土地所有制的变迁问题进行了论述。由于本书中没有能够将立论的史料一一列举,因此招来了种种误解,有时甚至成为猛烈批判的目标,这实属不得已。其中关于部曲和佃户的社会地位问题,受到了仁井田陞博士的批评。然而,我能够得出书中的结论,自有我掌握的充分的史料依据。关于这些问题,我所作的详细论考,将会在本《论考》的中卷中有所收录。通过这些论考,我相信已经完全能够应对仁井田陞博士的批评了,读者可以放心地阅读本书。

上卷中除收录了以上几种与中国史有关的论考外,还收录了《日出之国与日没之处》和《菩萨蛮记》两种。前者其实是一个短篇随笔集,将之收进《概论编》中或许有些不妥,不过我的想法是,关于日本与中国历史上的关系问题,即使我的认识还没有形成什

---

① 《东洋的近世》原意为"具有东方特征的近世",本译著径用原著旧题。

么体系,但我依然希望给读者留下一个印象:我们对中国史或其他国家的历史抱有兴趣,并对之展开研究,最终目的是要将之与本国的历史联系起来,声称对本国的事情不了解并因此逃脱的做法是不可取的。本书既然冠名"亚洲史",如果将日本完全排除在外,那还有什么意义呢?

不过,《日出之国与日没之处》成书于"二战"期间,今天再次阅读,不可否认,在我的撰述意图中确实有些"发扬皇威"的意思在里面,措辞上也显得有些过时,今天来看简直毫无办法。然而对我来说,那种动不动就通过揭露自己国家的劣根性来表示进步的现代风潮,反而令人觉得不适。还有,如书中的《倭寇的本质与日本的南进》一篇,因当时急于表达自己的主张,今天看来已经完全失去了应有的说服力,现在看来还不如强调它与当今的研究热点——农民起义之间的共性呢。不过,我对所谓的农民起义,就像对倭寇一样,对他们的行为无法完全支持。

《菩萨蛮记》是在昭和十二年(1937)笔者遍游西亚之际的游记基础上,粗线条地增补了这一地区的历史概貌后形成的。直至今日,日本对这一地区的研究都不能说已经非常充分,何况是四十年前,那就知之更少了。不过,我所在的京都大学东洋史研究室,在桑原骘藏和羽田亨两位教授的指导下,对西方的关心程度出奇强烈。在这样的氛围中成长起来的我,在留法期间,因有机会前往巴尔干地区,事后似乎很自然地就把脚伸向了西亚。还有,在巴黎期间,我竟不自量力地想学习阿拉伯语,并试着在东方语言学校接受入门教育。最终当然没有学会多少，但回国后还是召集了想学阿拉伯语的同好者，自己像一台录音机似的，把在巴黎学到的那一部分内容播送给了他们。以后我自己倒是全部忘记了，却因为有了这个机缘，今天我们研究室的阿拉伯问题研究者辈出，每念及此，我心中不免暗自骄傲。

升任京都大学教授以后，我一心想振兴西亚史的研究，曾连续几年向文部省提出申请，希望在国立综合性大学设置有关专业，但直到我退休，这个愿望都没有能够实现。然而考虑到世界发展的大趋势，西亚历史的研究必须展开，于是与同好们商量，在开设新专业得不到批准的情况下，我们设置了西南亚细亚史的研究方向，为有志于这一研究方向的学生们提供了一个平台。结果不出所料，十余年后，石油危机一夜之间冲击了日本，朝野上下狼狈周章。受石油危机的冲击，整个社会陷入了恐慌之中，政府高官这个时候发话了，声称日本学术界对西亚的历史毫不关心，对它的研究几乎是零。听到这些言论，真让人气愤至极。我的《菩萨蛮记》虽然谈不上什么精深的研究，水平也没有达到那么高的程度，但可以说除此之外恐怕已经没有同类的书籍能够超过它了。

学术著作的出版，听起来好像很神圣，但仔细想一想，又似乎是一种罪恶深重的行径，因为最终还是要向弱势的同行们抽取头钱。正因为如此，所以在过了这么些年的旧作重新出版之际，为使不产生误解，我感到有义务首先应该表明我对历史学的态度。之所以这么说，是因为从一开始我就不喜欢当今流行的理论历史学，如果试图在我的著作中寻求这方面的东西的话，那就完全是找错门了。

大正末年，在我还是京大学生的时候，理论探讨的学问也是非常流行的。文学部的西田几多郎博士，经济学部的河上肇博士，他们的讲课在当时全校中是最有人气的，我也和众多的学生一样赶去旁听。说实话，他们的课如果只是听听的话，那真是非常有意思，但是，我却没有就此将那些内容进一步深入下去的愿望，因为听着听着就不知不觉地产生了许多疑问且挥之不去。

西田博士在上"哲学概论"课时讲到，所谓的客观存在，不过是人的意识根据先前的经验模式组装起来的，听到这里我尚能理解。然而再往下讲，说是站在数学的立场上来讲，三维的世界可以通过四维的世界来思考，然而，四维的空间实际上是不存在的，因此现实中存在的只有三维空间。听到这里，我已经是云里雾里了。

河上博士在他的"经济学原论"课上，曾经利用唯物主义史观来说明历史发展的阶段性问题。据他的介绍，在原始共产主义社会里，阶级没有出现，奴隶也不存在，这是因为人类的劳动生产力还很低，自己只能生产出养活自己的那一部分生活资料，这时如果有人想把他人作为奴隶来进行压榨，事实上是没有剩余产品可供榨取的。然而，随着人类物质欲望的不断膨胀，生产力提高了，除了能生产出养活自己的那一部分生活资料外,还能够生产出剩余产品。因而出现统治者,利用掌握的权力将他人变作奴隶,榨取他们的剩余价值就有了可能。人类社会在这个时候也从原始社会发展到了奴隶社会。

我一边听着这样的课一边在思考,被称作奴隶的人们,完全没有人身自由,在奴隶主眼中,他们只是财产,因此与家畜无异。家畜则由人饲养,人类在喂给了足以维持其生存的饲料后,让其从事生产活动,从而榨取它的剩余价值。然而,在野生动物被驯化成家畜的过程中,人们是否也要等到这些动物的生产力达到了一定的程度以后才开始的呢?当然不是,这只能是人类在掌握了驯化动物的技术以后开始的。也就是说,问题在人而不在动物。由此看来,奴隶制也一样,问题应该在奴隶主一方,而不在沦为奴隶的一方。因此应该这么说,当一部分人掌握了将另一部分人掠为奴隶的权力,并为榨取剩余价值而强迫其劳动的时候,奴隶制产生了。

我虽有各种各样的疑问,但最终都没敢向先生们提出。其实,即使是再幼稚的问题,我相信先生们也一定会认真耐心地给予解答,但就怕先生们越是耐心恳切就越让人觉得不好过,一旦开出这个那个的参考书让我阅读,那麻烦就大了。河上博士介绍的历史分期,我知道是依据维尔纳·桑巴特的学说而来的,如果先生让我再去详细阅读桑巴特的著作,那就要了人命了。尤其是这样一位令人尊敬的先生,如果要我读而我不读,这心里就太不是滋味了。幸亏我是立志研究历史学的，自己觉得这一类疑问即使得不到很好的解决也无碍大事，因此厚着脸皮不读似乎也没什么问题。

更进一步说，桑巴特是相信马克思的学说的，我有一种感觉，他的历史分期学说，仅止于将马克思的理论作为事实在看，并在其上再赋予理论，因此他的重点在于理论的构建。这一点，我们实在无法遵从。稍微想一想就可以明白，作为由个人建立起来的某种理论体系，其精密程度无论有多高，其实都是有限的，一定会在某些方面存在着破绽。与之相对，人类历史则是由亿万人民共同创造的，其雄大庄严无可比拟，不必非得用某一个人的解释或理论去观察，而应该通过史实去观察整个历史，将观察的结果就此记录，这才是历史学家的任务。

我这样说或许马上就会招来反驳：按你的说法，历史不还是跟过去一样只是帝王将相的历史吗？人民的历史在哪里？对于这样的非难，我的辩解是：历史是一个整体，必须带着综合的眼光去观察它。有了统治者才会有被统治者，同样，有了被统治者才会有统治者。如果无视这一事实，即使你想强调作为被统治者的人民大众在历史发展中的独自性，其结论只会距离史实越来越远，做出的努力也会付诸东流，这是很自然的道理。不错，过去的历史记载确实是以帝王为中心展开的，但是，在帝王的背后却有着无数民众的影子。我们应该看到，正是这无数民众的存在，帝王的言行、帝王的政策才因此受到制约。因此，问题在于历史学家在构建历史之前阅读史料时的态度,这个态度可以归结到一点,就是历史学家绝不能失去平民百姓的感觉。之所以这么说,譬如文学上可以有贵族文学的存在,哲学上可以有精英哲学的存在,但就历史学而言,凭贵族感觉或精英意识去阅读史料或撰写历史是危险的,历史学只能是平民感觉的历史学。虽然这么说,但要实现这个理想却非常困难,因为一个历史学家自称站在平民的立场上,但在旁人看来往往却并非如此。正因为如此,止于观念上的进步主义者和限于行动上的革命家才会层出不穷。归根到底,历史学家的优劣,本人的自我标榜其实没有意义,必待百年之后由公正的第三者来裁决。

宫崎市定

1975 年 9 月

《亚洲史论考》中卷前言

　　《亚洲史论考》中卷收录了我关于古代史和中世纪史的研究论文。写作时间起自昭和三十一年（1956），止于昭和四十六年（1971），亦即我的古稀之年，前后跨度约 15 年。

　　我所说的"古代史"，是指从狭小的血缘集团起步，发展为号称大一统的古代帝国这一历史发展阶段，以及古代市民所生活的社会。在西洋史中，就是从希腊、罗马的城邦国家出发，经过罗马征服意大利半岛的领土国家时代，最后到达一统地中海世界、出现盛极一时的罗马帝国的时代。中国古代史的历程与之十分相似。从上古到春秋时期是都市国家的时代，经由战国七雄领土国家的对立，最终出现了秦汉古代帝国。就连古代帝国中拥有市民权的士和不拥有市民权的庶民之间的对立，也是与罗马史相通的。就中国古代历史而言，我最关心的莫过于都市国家的问题，深入探讨这个问题以后，我对既有的观点产生了极大的怀疑，因此斗胆提出了有别于各位先贤的观点。

如果说古代史是统一前进的历史，那么中世纪史就是倒退的、分裂割据的历史。古代的统一为经济的发展奠定了基础，而中世纪的分裂则伴随着经济的萎缩和停滞。换言之，一个是景气至极，一个是满目萧条，就中国历史而言，其分水岭就在东汉时期。恩师内藤湖南博士早已提出了这一观点，今天看来这依然是难以动摇的金科玉律。

有一种与之相对的观点，就是将古代史的下限划在唐末，这种观点曾经风靡一时。他们得出这一观点的依据是把唐代视为奴隶制时代，并基于唯物主义史观将之理解为古代社会。在他们眼中，唐代的贱民——"部曲"也是奴隶的一种。但令人不解的是，滨口重国博士对此早已有过出色的研究，部曲乃是汉代的客，是离开原籍地、借居他乡的良民的后代，他们虽然遭受着贱民的待遇，但应该是不同于奴婢的上层贱民。在他们的观点中，把遭受非人待遇的奴隶分为奴婢和部曲两个阶层，这无论如何都是不合理的，所以我第一时间就提出了反对意见，最后整理成收于本卷的《从部曲到佃户》一文。我认为与其将部曲比对为奴隶，不如将之比对为农奴，这样更符合其上层贱民的身份。如此一来，部曲无疑就是具有中世纪特征的隶民。

本卷虽名为"亚洲史"，但却没能收录任何关于西亚古代和中世纪史的文字，对此深感惭愧。

我从旧式高中进入京都大学文学部学习，毕业后先到高中教了八年书,随后成为京都大学副教授、教授,前后 30 余年,如果说其间形成了一些什么样的学风的话,那无疑就是学院派作风。最近不知为什么,对学院派的批评声此起彼伏,这是我无法理解的。他们所说的学院派,其实都不是真正的学院派。

什么才是真正的学院派?简单地说,就是将做学问作为职业的人所做的学问。就历史学而言,就是把历史学研究作为自己的职业,尽可能开阔自己的眼界,在前人研究的基础上,不断地去开拓全新的领域。这里所说的全新领域,绝不是赶时髦,那种为了满足外部的要求而刻意标新立异,并不是真正的创新。如果做学问只需说些与以往不同的观点,其实这并不难,难的是要说出从来没人说过的话,而且是某人在某处必须说的话,那才是真正的创新。

我求学的时代正是京都大学中国学的黄金时代,其实不仅是中国学,也不仅是我所学的历史学科,其他学科和专业也都拥有一批著名的学者,无论去哪个课堂旁听,都能听到非常有趣的内容。现在能记起的就有波多野精一博士的宗教学、植田寿藏博士的美学美术史概说、米田庄太郎博士的冯特《民族心理学纲要》讲读等,它们都让我受益匪浅。对历史学而言,绝对没有无用的知识,但最让我心存感激的并不是学到了多少知识,而是当时的教师们帮我打开了史学的慧眼,这是在自学的情况下无法获得的恩惠。

如果学派、学统只是停留在知识的传授,弟子死守教师的知识范畴并固守其阵地,那就真的太无趣了。要是认为这就是学院派,那也是天大的误解。如果有人问哪里能找到这样的大学,我也回答不上来,至少可以断言我的周围不存在着这样的大学。

学院派的史学论文,原则上把读者限定在研究者之间。由于研究者的人数有限,因此论文的影响范围也就受到了限制,就好像销路不佳的商品。收于本卷的论文,大多发表在学术期刊上,因此几乎没有拿到过稿费。尤其是我长年担任东洋史研究会的会长,时常向学会期刊《东洋史研究》投稿,东洋史研究会的事务所设在京都大学东洋史研究室内,不仅不支付稿费,编辑人员也都没有任何津贴。之所以能够坚持下来,或许就是因为只有在京都这样的地方,学院派的学风才能够得以维持。

虽说学院派史学的论文本来是面向研究者的,但这并不排斥专家以外的读者。历史这门学问,从其性质上来说,并不是不能写成只要具备了一般教养谁都可以读得懂的形式。当然,它不同于小说,你很难期待能够沉浸在梦幻般的趣味之中,但是,学问又有学问独特的趣味。

然而,世上确实存在着一种拒绝趣味性的"禁欲史学"。使用无人能懂的术语,借助无人能懂的逻辑展开议论,时而分析,时而综合,最终得出一个无人能懂的结论。其结果,只是在同行之间才会有人认为你提出了一个新的观点。有的作者甚至大段引用自己都无法完全读懂的外文文献,经过无数次的臆断,得出一个非情非理的结论,自己却还浑然不觉。如果认为这就是学院派,那就完全错了。真正的学院派史学,绝不会让读者感到无聊。行文晦涩、缺乏节奏、理论烦琐、思路不清,这些都不是学院派的特征。真正的学院派是面向一般社会的,绝不会画地为牢,惺惺相惜。至少我师从过的老师们都不是这样的,他们都具有纯粹的学院派气息。

另外,世上还有一种动向,即主张学问必须与现实相结合。我在农村长大,从小就知道想要做出可口的米饭,必须先育秧,然后经过插秧、除草、收割、去壳等一系列过程才能获得白米。现在的年轻人想当然地认为,要吃面包随时可以去商店购买,却忘记了任何事物都需要一个漫长的准备阶段,因此提出了只接受进入社会所必需的知识这一类的要求。这样一来,学院派的学问自然就不在其列了。这种想法,如同只要有了面包房就不再需要农业一样。这群人的一个共同特点是,只认可历史学的刺激性功能,是所谓的"兴奋史学"。其实,这样的"兴奋史学",早在之前的大东亚战争"皇国史观"、"八竑一宇论"中就已经实验完毕,如今竟改头换面地延续了下来。进一步溯源的话,这还可以追溯到幕末的"勤王攘夷"论。明治维新无疑是一场伟大的事业,它之所以取得成功,其根本源自"兰学"的开国史观。然而,这样的探索却中断了,用暴力攫取其成果的正是"尊王攘夷"运动。极力掩盖其真相,肯定甚至歌颂这种非情非理的暴力,这就是明治以来的日本史学。与此相关的一篇论考将收录在本书的下卷中。

　如果说学院派与"禁欲史学"是貌合神离的话,那么它与"兴奋史学"之间就是势不两立了。陶醉于"兴奋史学"带来的刺激，借助来历不明的资金参加反体制运动，不知何时就会被那只无形的手所操纵而越陷越深，最终身心失去自主，连灵魂也出卖给了别人。到那时，反体制也就成了一种体制，即便认识到这是一种黑社会式的封闭社会，但为时已晚。

学院派反对把史学作为兴奋剂，不，应该反过来说，学院派看重的是史学的镇静剂作用。古人把历史比喻为明镜，历史是全人类的宝贵经验，它告诫我们唯有慎重行事，才能不蹈覆辙。轻举妄动的行为，不仅会伤害到自己，也终将累及他人。我相信，与其沉迷于救世主式的幻想，不如在现实生活中尽可能不给他人添麻烦；以史为鉴，才是历史学最有效的活用。

宫崎市定

1976 年 1 月

《亚洲史论考》下卷前言

　　《亚洲史论考》下卷《近世编》，基本上沿袭了中卷的体例，以我 1956 年以后约 15 年间发表的有关近世的论文为中心，加上短文集《杂纂》。

　　我这里所说的近世，在中国就是指宋代以后的历史。虽然宋代是我最初的研究对象，为此也花费了最多的时间，但在本书中却反而显得内容贫乏，这是因为后来我自己的兴趣渐渐发生了扩散和转移。不过，扩散自然有扩散的理由，绝不是肆意而为。也许读者看到本卷过于发散的研究题目，会觉得我是在天马行空，其实我的脑海中有一张自发形成的研究计划网，所有的研究都位于其中的重要节点上。

　　按照我现在的理解，宋代的政治是君主独裁体制，辅之以发达的官僚机构，而官僚制又是以科举制为背景的。其次，宋代有着高度发达的商品经济，生产扩大，流通活跃。宋朝政府通过对商业的统制来增加税收,供养军队,但民间为冲破这种统制而逐渐形成的秘密结社,却成了政治上的毒瘤。

站在这一立场上,若要追踪宋代君主独裁制度的后继人,那么就必然要提到明朝的洪武帝和永乐帝,以及此后的清雍正帝,因此才有了《从洪武到永乐》和《雍正皇帝》这两篇。又基于"雍正时期是中国独裁政治的高峰"这一观点,我在本卷中收录了《〈雍正朱批谕旨〉解题》一文,此后还附加了象征君主独裁制的"二角五爪龙"的研究。

关于在宋代达到鼎盛的科举制度在元代的走向,有《元朝统治下蒙古官职所见蒙汉关系》一文。至于科举传入朝鲜后的情况,我曾撰有《关于宣祖时代的科举恩荣宴图》一文,但这次没有收录。

在中国,铁与盐自古以来就是商品的代表,无论人民多么自给自足,这两样东西都很难自我生产。同时,这两样商品又极易成为政府实行专卖以便增加岁收的对象。宋代经济的一大特点是钢铁产量的激增,这是煤炭被广泛使用于冶铸业的结果。《宋代的煤与铁》和《关于中国的铁》两篇,正传递了这样的信息。随着宋朝人口的增长,盐的产量也不断提高。政府对食盐的严格统制,虽然增加了岁收,但却也引发了民间的秘密结社。

地下秘密组织在北宋末年引发了方腊、宋江之乱,在《难道有两个宋江吗?》一文中,我针对《水浒传》的主人公宋江发表了自己的意见。并且我认为,清朝的太平天国也出自相同的系统,《关于太平天国的性质》一文即对这一问题进行了考察。接着,舞台转向日本,在《幕末的攘夷论与开国论》中,我对传统观点提出异议,进而得出了日本幕府时代末期社会大变革的根本原因在于萨、长二藩的走私贸易这一结论。

相当于中国宋代的那一段时间,十字军正在西亚酣战。这一事件给西方带来了深远的影响,也必然会波及东方,我在《十字军对东方的影响》中对此进行了追溯。十字军之后是蒙古军的到来,而在蒙古辽阔的土地上昂首阔步的马可·波罗,则把关于东方的新知识带回了欧洲,欧洲人据此绘制出了东方的地图。当时最难处理的问题莫过于 CATAIO(卡塔儿)王国的位置,他们长期被"马可·波罗留下的亡灵"所困扰。《中国火葬考》也是对西方文明东渐的一个考察。

相对于西亚,日本同样是亚洲历史上不可或缺的组成部分。起初若有若无的日本,随着时代的演进而实力大增,终于成为难以动摇的存在。《东洋史上的日本》正是对这一历程所作的概述。

我一直认为,具体事项的研究不能只停留于具体事项本身,所有的研究,都应像竹根那样,无视地上的路标或边界,在深入地下汲取养分的同时,萌发出新的嫩枝。我并不是主张要废除"专业"这一说法,只不过认为专业不应意味着排他性和独占性。因此,专业也不是一成不变的,而应该不断扩展,扩展以后再来回顾自己原先的专业,就能发现许多此前无法发现的东西。所以我认为,扩展必须与深化联系在一起。话虽如此,毕竟人的精力是有限的,专业和研究范围都会出现受智力、体力、财力的制约而停滞的时候。我觉得自己目前的亚洲史研究正处于这样一个状态,是进一步扩展为世界史,还是退一步折回来继续深化自己的专业中国史? 我时常被这样的选择困扰。

如果说历史学研究有什么终极理想的话,那无非就是建立世界史的发展体系。但世界史体系的构建,不应基于抽象的思考与空想的定义,而必须要以历史学的具体研究为基础。在建立这种体系的过程中,除研究者的能力问题之外,还有着各种各样的难题。

作为历史学研究的前提,所有的历史事实都不应为个人、民族或国家所私有,这一点常常不被理解。当然,记录、遗物、遗迹和土地都各有所属,我们必须尊重他们的权利。但无论如何,历史事实本身是没有所有者的。任何过去的历史都是人类宝贵的经验,由于历史无法被人为地实践,所以人类既有的共同财产都必须被充分地利用起来。我们研究外国的历史,既不是为了侵占别国的既得利益,也不是仅仅为了这个国家。战时的日本曾试图独占本国的历史,对之做出独特的解释,但这一切都是妄想,只是少数当权者的迷梦而已。本国人未必最了解自己的历史,外国人的理解常常更加准确,这可以说是历史研究中特有的趣味所在。

我认为,所有的人文科学、社会科学,归根结底都是历史学。换言之,即使各门学科自己没有这样的意识,但却各自承担着世界史研究的一部分。既然如此,人文科学、社会科学的根底,也应该反过来从历史学中寻找。当然,这里所说的历史学并非现实存在的历史学。客观地说,当前的历史学还没有这样的力量。但预想到将来的世界史,根植于其上的人文、社会科学才最能保持活力不是吗?世界史作为历史学的最高理想,不应仅仅交于历史学家之手,所有的人文、社会科学家,都必须把世界史体系的建立作为共同目标而不断努力。

若能撤除历史学中的地域和国境界限,进一步撤去人文科学和社会科学,或者说文学、哲学、史学这样的壁垒才更加合理。不,就连自然科学不也同样可能纳入世界史之中吗?中国的历史学家们把天文学、数学、医学、博物学的知识都写入了历史书籍之中,我们今天能够知晓的各个时代的科学知识,都是从历史书中还原出来的。《本草纲目》的作者李时珍,把超越了时空的药物学知识写入书中,但今天的读者大多会把李时珍的想法理解为一种历史的事实。自然科学的知识通过历史的时间性,成为构成世界历史不可或缺的史料。

但必须明白的是,世界史的构建永远只是理想,是不可能成为现实的。即使有一位超凡的历史学家撰述了迄今为止所有的世界历史,但只要过去一天,那就难免成为过时之物。历史事实每天都在增加,历史学是永远无法完成的加法。但这又有何不可呢?费用的结算离不开每月一次的小结,统计的数据也无法绝对更新,但自有它的价值。既然一天天地过去,那就一天天地更正,所有的人和事的现象都是如此。大团圆仅见于小说之中,现实的人生是一出永无终结的戏剧。

随着学问的发展，专业化的倾向不可避免，这也是理所当然的，但不应因此将学问分割、私有，甚至庄园化。所以我不喜欢当今日本学界常常使用的"守备范围"一词。学问领域的私有化，并不是随着研究的需要而自然形成的，而是出于研究者的利己主义，因为不固定范围就没有了权威。

每逢春暖花开，我家的院子里就会有黄莺来访。莺啼声声，甚是风雅。但动物学家告诉我，所有的鸟类都有它的势力范围，黄莺也是来此巡视自己的领地的。所以一旦出现毛色不同的鸟类，黄莺就会发起猛烈的进攻，如果发现对方是更弱的小雀，攻势就会更加猛烈，而一旦屈服于它，终生都将难以抬头。学界也有类似的现象，因此，即便展开讨论，也难有成效。既然沦落为只为决出胜负的游戏，那么中途修改规则也就在所不辞。结果，学问不再是为了真理的学问，而成了只为权威的学问。于是，世间平添了许多权威，研究却变得不再自由，真正的学者恐怕都要走投无路了吧。

1976 年春日

书于吉田山麓

莺啼之声不绝于耳

宫崎市定

历史学的实证性

　　历史学被认为是一门实证性的学问。但不是说学了历史以后就什么都能搞懂，不如说搞不懂的地方更多。历史学的实证性有很多的制约。那么，说历史学必须是一门实证性的学问，这么说还是有问题。在历史学的范围内，无法实证的东西太多，这倒是不可动摇的事实。所以，必须是实证性的历史学实际上却无法被实证，这就更令人费解了。

　　学术界曾一度为法隆寺是否重建过的问题吵得不可开交。据《日本书纪》的记载，这座寺庙应当在天智九年被大火烧得一间不剩，但明治以后的建筑学家根据建筑的样式，认为这座寺院是日本最古老的推古样式，《书纪》的记载纯属误记，法隆寺并未重建过。许多日本史研究者都对此表示赞成，势头相当大。但是，喜田贞吉博士依据《日本书纪》的记载，提出法隆寺为天智以后重建，并主张建筑样式的问题，应该反过说是重建时基于史实进行

26

的重新组构。于是,就形成了重建派与非重建派的激烈争论。大势对喜田博士不利,或是被嘲笑为不懂实物的文献学家,或者只是被当作喜田博士的个人观点,多数人并不赞成。但是,随着实地调查的展开,寺院附近意外发现了被火烧过的瓦件,这成了法隆寺曾遭遇火灾的确凿证据。避开文献只通过实物研究得出来的结论,却反过来被实物指出了谬误。这个例子中幸好出现了可以作为证据的遗物,如果奈良时代的人把瓦件上的烧痕彻底清除,没有留下任何遗迹,那么,喜田博士的真知灼见就有在多数人的暴力下沦为异端邪说的危险。为什么有那么多人主张非重建说呢?因为法隆寺经常被视为日本建筑的代表,以此可以将之作为日本乃至世界最古老的木构建筑向外国夸耀。这种希望就是非重建派的根本立场。但仔细想来,法隆寺最终还是法隆寺,建造年代上差个五十年一百年的,也不会影响到法隆寺的真正价值。但这其中掺入了微妙的感情,特别是寺院一方尤为热心,据说发现了新的史料还不给喜田博士看,只将这些资料交给他的对手。当史料不足以判断事实时,立场就会发挥作用。我们在面对将来时,常常会做出自己希望的观测,然后就失去了真正的判断力。不仅如此,对于过去,也往往把希望与事实混同起来。而所谓的立场,在发表的学术观点中也常常以结论的形式出现。尽管这本身不过是独断性的假设,却会用论证和逻辑将之坚固地武装起来,想推翻它并不容易。

其次是真番郡的问题。汉武帝征服朝鲜后设立的四郡中,真番郡的位置难以确定。有的主张在鸭绿江上游,即"在北说";有的则主张在朝鲜西海岸,即"在南说"。之所以会出现争论,是因为史料记载过于模糊,容易引起误解。如果写明白了,那从一开始没有就不会出现问题。无论"在北说"还是"在南说",为主张其中的一种观点,就往往会多少牺牲一些对自己不利的史料。但是,己方在处理对己不利的史料的同时,彼方也在做着同样的事,所以就争吵了起来。宽以待己,严以律人,所以争吵多久都不会有结论的。每个人都站在自己的立场说话,而立场本身在第三者看来,仿佛是经历、感情和偶然因素起着更决定性的作用。各种议论大体都已经摆了出来,剩下的只能等待当事者的大人物相继过世了,然后才能通过公平的判断和舆论的力量来解决这些悬案。

还有一例,是关于《三国志·魏书》中"倭人"条的解释。三国曹魏时期的人记录了当时日本的情况。从朝鲜到对马、壹岐,直到松浦都没有问题,但此后经过伊都国、奴国、不弥国,再从海上到达投马国,然后到达邪马台国卑弥呼女王所在地的道路则无法判断。邪马台国有"大和说"和"日向说"两种观点,由于《魏书》的记载和日本国史的记载不一致,于是站在重视国史、只把《魏书》视为一说的立场上就成了"日向说",而站在大体相信《魏书》,反过来用它来解释国史的立场上,就成了"大和说"。

虽然因立场而形成的不同解释很令人头疼,但这样的议论也未必真的就没完没了,一旦有新史料的发现,问题或许就能解决了。即便不是这样,通过研究方法的改进,我们也完全可以期待把问题一步步向前推进,使之越来越接近合理的解释。这就需要考虑立场了。但麻烦的是,一直以来,论文都把立场当作了结论来写,于是找出什么是最明确的,怎样的立场是最妥当的,这又成了一个全新的问题。

在"倭人"条的解释上,为了确定立场,交通路线有着重要的意义。魏国使者到邪马台国去的路程,一定是沿着当时的大路。因为很难想象一个进了门的人会不往门厅走,而偷看一眼后门就离开了。那么古代日本的交通又是怎么样的呢,是不是从九州的西海岸松浦半岛一带向内地延伸呢?这才是首先需要弄清楚的问题,通过国史应该可以推测出一个大概来。因此,在这条交通路线上依次寻找奴国、不弥国、投马国和邪马台国,才不至于犯太大的错误。当然,这也是一种立场。但我的立场是公开的,所以为读者们所共有。将假定作为假定来进行的研究,这本身同样具有科学价值。

如果要我从这一立场来解释"倭人"条的道路问题,应该能够得出奴国在筑前国,不弥国在丰前国中,投马国在备前国,而邪马台国则在大和国。关于这个问题,在这里我就不再细说了。

以上所举的例子其实都只是历史学家的问题,对于一般人来说是无所谓的。由于所谓的历史学家深信历史是一门实证性的学问,在可实证的范围内探索问题并废寝忘食地进行考证,所以有时出现分歧的地方,也正显示出了历史学家能力的极限。知道能力的极限,并且尽可能把这个极限向前推进,这无疑是科学研究的重要任务。但是,人世间似乎忘掉了还有历史学的存在,之所以会出现这样的危险,问题也就在这儿。人世间的问题日新月异,历史学家却只满足于自问自答,对人们最想知道的问题却感到棘手,不愿去碰它。于是,历史学家自问自答式的研究,对于社会来说其实也就变得无所谓了。

思考历史,不仅是被称为历史学家的那部分专家的事情,凡是人,多少都在思考历史。但一般人思考的问题往往大得可怕,虽然都是根本性的问题,但有很多问题是纳不进所谓的历史学这个范围中来的,于是根据各地不同的立场,就产生了各种不同的解释和意见。如果历史学的实证性被所持的立场所动摇的话,那么,对立场的探讨本身就必须被纳入到历史学中去,这在对实证缺乏信心时也被广泛应用。

有可能实证的历史学,仅仅只有几千年而已,而根据进化论的理论,人类出现后的历史已经经历了几十万年,这其中发生了什么样的社会变化? 人类又是怎样移动的? 我们都无从知晓。民族是怎样形成的? 文化是怎样发展的? 这些问题也都没有完全解释清楚。对于这些问题,历史学的实证似乎是无能为力的,但这其实必须成为历史学的出发点。

世界文化的起源有多元论和一元论之争,但这些立场也是从一个假设出发的,这就是民族的本质论。由于各民族都有着自己固有的特性,那么,哪一个民族或者哪一些、什么样的民族对本民族的文明起源给予了强大的影响？这就成了一个问题。但仔细想来，民族之间的差异又有多少是本质的差异呢？关于这一点，历来就根据肤色，把人类分成了黑、白、黄三种人种，但后来却发现，这不过是皮肤中色素多少的问题而已。这给了我们很大的启示，也就是说，与其说纯粹的人种是不存在的，还不如说这种想法本身就是不合理的。这一点在今天已经是常识了。在人类数十万年的历史中，人类是怎样在空间中移动的？这其实还不清楚。一个人的诞生，如果往前推十代，就需要上千位祖先，往前推二十代，就需要上百万人的祖先，往前推三十代则需要十亿人以上的祖先。即使与其他人的大部分祖先是重复的，但谁也不能保证其中某个人的祖先和今天住在地球另一端的人的祖先也许就是同一个人。因此，人种问题，与其说是质上的差异，不如说是量上的差异，这样的理解更为妥当。但即使把质的差异还原为量的差异，量的差异达到一定的程度，也还是会导致质的差异。冷热的感觉，某种意义上是通过疼痛来感知的，毒品和药品也得用到一定的量才能起作用。再穷的人都有一定的财产，就是因为程度上的差距，社会中才会出现资本家这种特殊的存在。民族的差异不也是一样吗？结果，世界民族的差异不过是地方特色的差异。即使承认东北人和九州人在性质上存在着差异，但也不能因此否认日本是一个整体。同样，即使承认亚洲人和欧洲人之间性质上存在差异，但也不能否认世界人类是一个统一的整体。文化的差异也不过是人类的地方特色而已，他们之间质上的差异，可以还原为量上的差距,本来这就是出自一种假设的立场。

不仅是历史学,只要是科学,都不应该变成让人难以接近的存在。科学的目的应该是尽可能把复杂的东西简单化,就像物理学或其他科学那样,在对物质展开研究时,一步一步地从其量的一面不断地加以深入。历史学也应该把性质不同的东西,尽可能还原为简单的量的系列,这是今后的发展方向。就像自然科学中复杂的理论那样,其实是通往认识和理解复杂现象的最简单最直接的捷径,同样,在人文科学领域,一眼看上去复杂的理论,也必须成为我们认识和理解复杂现象的最短距离。

研究历史,与其确信历史学的实证性,不如对历史学的实证性抱有疑问来得更安全些。即使在意识到有可能通过历史学的实证性来解决问题的范围内展开研究,所谓的实证性也会变得千奇百怪,更何况面对更加洪荒的历史范畴呢!而且正是在那洪荒的历史范畴内,才是真正的历史的根本问题所在。对于这些问题,当今的历史学几乎是无能为力的。将片断的史料缝合在一起将之作为历史史实,这绝不意味着真正的实证。这一点,尤其是对习惯于思考历史哲学,或者对此感兴趣的人来说必须铭记在心的重要事实。只有这一点不是假设,而是残酷又可悲的现实。

原载《智慧》一,1947 年 5 月

历史评价的客观性

最近一期的《Reader's Digest》上登载了一则关于原纳粹宣传部部长戈培尔的古董收藏的逸事。纳粹领袖戈培尔权倾一时之际,有一位荷兰人向他兜售名画,战后这个人被以通敌罪起诉。意外的是,这位荷兰人竟申辩这些名画其实是他自己伪造的,于是他又面临着以诈骗罪被控告。受邀而来鉴定真伪的美术史大家们,面对画作也都低头不语,一筹莫展,可见这位荷兰人制作赝品水平的高超了。进一步说,他为制作这些名画的赝品进行了各种各样的科学研究,因此在热心于售画这一点上还是值得钦佩的。

据说荷兰一直以来就盛产赝品。1879 年在对名画展开调查时,登记在册的鲁本斯的画就有 2 235 幅,范·戴克的画则有 1 500 幅以上。无论怎样使用助手,一个画家一生都很难画出这么多画来。与其说是大师的辛勤劳作,不如说大部分都是地下作坊仿制出来的。美国学习绘画的学生,在临摹了鲁本斯的画作准备回国时,考虑到海关的检查太麻烦,于是就把鲁本斯的名字涂掉,写上了自己的名字,结果却被海关识破,刮开涂掉的部分后出现了鲁本斯的名字。无论这个学生如何辩解都无济于事,最后被处以高额罚金,但据说也正因为如此,这幅临摹被当作真品卖了个好价钱。像美国学生这一类的"鲁本斯"一定到处都是。

北京琉璃厂的古董街上陈列着许多古今名人的字画,据说只要是人名辞典上能查到的人物,在这条街上就都能找到他们的墨迹。与北京相比,南方的上海更是一个赝品大市场。据吴昌硕自己说,那里以吴昌硕的名义生活着的篆刻家不下七十人。

资深的鉴定专家在一眼就能辨别真伪的同时,也有第六感不灵的情况。真品只有一种,赝品却有无数种,其中既有一眼就能看出来的赝品,还有即使作者本人也未必识别得出来的赝品。据说在仿制山阳的赝品中,有的比山阳画得还要精巧;也有人说,越有像竹田那样性格飞扬,造假就越容易。铁斋的书法,能读得出来的就不是真品,但不是说不能读的就一定是真品。显微镜、红外线等所谓的科学性鉴定法,也都有它们的极限。五百年前的纸和十年前的纸可以通过新旧判断出来,但再过五百年,一千年前的纸和五百年前的纸,还一定能够区分得出来吗?

杨守敬从日本带回中国的古书被复制成"古逸丛书",其中陶渊明的《归去来辞》是在古经纸上用古木活字印刷的,连杨守敬也没看出这一点来,翻印时居然去和现行本作校勘。

赝品没有固定的形式,造假者中不乏上述荷兰人那样的天才。在这样的天才面前,我们都不是对手。君子想要骗人的话,结果只会被骗,更何况不是君子的人,就只有眼睁睁地被骗了。另一方面,号称地地道道、来源清清楚楚的东西,也是难以证实的。会不会中途调包,有没有事后加工,一怀疑起来就没有底。但应当说,保持怀疑和批判是谨慎的态度。如果尽力而为以后还是被骗了,那就只能说对方是制作赝品的天才,或者是岁月造成的结果,屈服于天才和时间的威力,也是难以避免的事。

如果单从艺术角度来评价作品的话,真假其实也不是那么重要。但如果要将之与作者联系在一起来进行评价的话,比如通过赝品来评价鲁本斯本人的艺术成就,那就十分危险了。一个人如果留下来了很多作品,或者是某个很有特色的流派的开山之祖的话,他们通常都拥有相对固定的艺术风格,所以即使其中混入了一些赝品,也大体上不会影响对这个人的评价。带着好意地说,赝品是一种复制。但是,如果一位古代艺术家留下的作品极少,而他的作品又是那个时代的代表,那么事态就变得严重了。在比较研究中,如果没有足够的资料,真假的鉴定就变得更加困难。建立在不实史料之上的评价,怎么说都很难是真实的。如果天下没有绝对可靠的鉴定方法的话,那么,艺术品的历史价值问题就相当危险了,这是首先值得我们注意的一点。天衣无缝的杰作,被称赞为牵一发而动全身的古建筑和古艺术品,如果意外地被揭露出经过了后世的补修或修理,这是非常扫兴的事。

真假的问题姑且放在一边。我们假定眼前的作品大体都是可信的，即使是同一个作者的作品，由于年代的不同风格也可能发生变化。号称池大雅六岁时的书法，即便是真品，在艺术史上也不会有什么太大的意义。大凡成为大家后，晚年把不同时代的作品排列在一起，在哪个时代的作品最好这个问题上，一定会众说纷纭。十年如一日画着同样的画的画家，一定是平庸的画家，就不会有这个问题了，而真正的艺术名人，艺术风格常常会因年龄的不同而发生巨大的变化。在鉴定的问题上，简单说这只是个人的爱好，但我们时常会犯的错误是，往往轻视一位艺术家年轻时期的作品。

内藤湖南博士是画界大师，但比起晚年的飘逸来，年轻时一本正经的画作显得更加精到。排除功成名就之后就变得骄傲、金钱欲泛滥、年老昏聩而不能再画的人不论，对于一生都献给艺术的人来说，虽然我们常说晚年后会渐入佳境，但事实上似乎还是年富力强时的作品更加好一些。谷文晁曾坦承地说自己现在的画已经不行了，想看杰作就去看他年轻时的作品。说起来铁斋也一样，比起晚年抹布一般黑漆漆的画，果然还是血气方刚时那种不像他的风格的画更好。关雪的情况也一样。

不仅是画家，诗人和歌咏也是随着年龄的增长会趋于极限，然后就开始走下坡路。诗人在年轻的激情中死去，反而能成就一世英名亦未可知。

学者也一样，即便不成熟，也该一心一意地埋头专注于自己的处女作。

《善的研究》不也一度被评为西田博士最大的杰作吗？

当军人成为阁下的时候，可以说已经不行了。据说根据军事史的统计，指挥官年轻一方的军队更容易获胜。在此前的欧洲大战中，老元帅的去世被当作协约国得以获胜的重要原因。"二战"中的日本自不待言，纳粹德国的指挥官净是些老将军。

撰写著名人物的传记，多半是从他的近侍、亲属或者对他多少抱有好感的人那儿获得直接的材料。身边人的材料往往鲜活有趣，但反过来，作出的评价也往往切不中要害，我们切勿被这种善意的失误所误导。

但也有相反的情况。据说预言者常常不为家乡所容。究竟哪种评价更接近事实，则不能一概而论。因此才出现了"看似伟大的是武士和行脚僧"、"英雄和油画只能远看"这样的格言。

如果无限拔高艺术的价值，不仅将之视为一个时代的代表，而且将之视为一个国家的代表，在国家自豪心理的驱动下，客观的评价就更难下了。

我曾去拜访过已故的奥村伊九郎先生，当时他正拿着长度相当的雪舟的画卷和夏珪的画卷在进行比较，自言自语道：雪舟的山水画中多余的线条是不是太多了点儿？换句话说就是雪村的画太土气了。《源氏物语》被誉为世界级的杰作，但多数日本人没有读过。即使想读，也只会被完全弄不懂主谓宾、动词应该接在哪儿的文章弄得焦头烂额。它在文理上也称不上是天下的名文。

虽然很长,但冗长的描述中是否能始终勾起读者的紧张感呢? 能够品味原文的人,几乎没有同时通晓外国文学的,那么,对《源氏物语》如此高度评价的舆论到底是从哪里来的呢? 作为我们这样的一般人,正常的评价就是: 想不到古人竟能写出那么长的文章来啊!

绘画和小说容易和他国形成比较,所以评价也相对公平,倘若是他国没有的独特的艺术类型,就容易出现胡乱评论的危险,俳句和和歌就是最好的例子。这种短小的诗歌在国外也不是找不到可比的对象,中国宋代就曾流行过所谓的十七字诗。举一例说明。杭州州学的教授姚老师从《易经》中出题考学生,却把"釜"字错写成了"金"字,于是无名氏作诗讽刺道:"教授太昏沉,将釜却为金,万福你说易龚深。"(《泊宅编》卷上,并参照《壹是纪始》卷九)

龚深之龚原的字,是当时著名的《易》学家。十七字诗中的"龚深"谐音"躬身",而"躬身"是指行礼或道歉时的鞠躬。沉、金、深是每一句的韵脚,内容也只是件小事,不过用来说笑而已。这样的诗歌在不同的国家都可能产生,却没听说有如日本一样的上下风靡。虽说这是日本的特殊文学类型,但特殊的发展历程与能否成为世界一流的文学,则完全是两码事。

茶的起源最初是一种社交方法,因此,无论何时都只作为一种社交方法来进行评价才比较安全,将之作为精神修养,毋宁说已经脱离了本质。如果用茶可以炼出修养的话,那就不一定非要是茶，瓦匠也可以啊。与其把茶盏什么的看作是艺术品，不如首先把它作为实用品看，要易用才行。当然，只要不是假货，生产多少都无所谓，说每一家都有相同的东西也一点不过分。

对于艺术品或者类似的东西，如果说没有客观的评价也就罢了。但若受到一两个特别的外国人也许只是出于礼貌的夸奖，就如同是日本精神的真髓一样拿上国际舞台敝帚自珍的话，也许反而会招致外国的嘲笑。所谓茶的精神，本身就是谦虚谨慎，如果用作日本文化的宣传，反而证明是个门外汉了。

历史事件的评价更加复杂，但离开了评价，历史也就不存在了。把某个事件某个事实作为问题，这本身就是一种评价。关于德川幕府锁国政策功过的问题，这是与世界历史相互关联的问题，如果只从日本史的角度来观察就过于狭隘了。与其说当年的幕府是为全日本考虑，不如说只是为了德川家自身的安泰。但这究竟是不是绝对必要的措施，抑或只是神经过敏狼狈过度的结果？直接的责任者到底多大程度上了解当时的世界？或者只是中了荷兰人的诡计，有没有与明朝的闭关锁国政策之间产生共鸣？这些方方面面的问题都有探讨的必要。视野越广，评价就可能越是客观。但是，对于实际书写历史的人来说，对于每个问题都要给予周到的考虑，在多数情况下都是不可能的。幸好在历史的叙述上，作者始终都是第三者，作者的态度就隐藏在字里行间，是穿着隐形的蓑衣来书写历史的。这种安易也会产生很大的危险，虽说是新写的历史，但多半和旧版之间仅仅是文字上的差别，而对那些最重要的亦即隐藏在字里行间的思想却不做深刻的探究,这样做就一点进步也没有了。历史对于一般读者来说缺乏魅力,原因也正在于此。同一主题被历史学家反复议论的必要性,也正在于此。

对于国与国之间、不同世界之间的政治文化交流的评价是最重要也最根本的,但热衷于实证的历史学家却反而容易对此忽视。

关于文化传播的速度及影响力的极限,在古代记录不完整的情况下,我们连推测和把握其概念都显得非常困难,所以历史学家对此的评论也难免莫衷一是。在这种情况下,所有的历史学家都会从无意识选择的立场出发去判断事物。这个立场恰如几何学的定义一样不证自明,这样就把字里行间的空白填满了。但是欧几里得几何学也受到了批判,随着非欧几何的出现,必须重新审视历史学定义的时机也就快要到来了。

把红墨水倒入盆里的清水中,水就会被染红。如果仅仅是这样的文化交流,任谁都能看得明白。在红蓝二色合成紫色的情况下,究竟是混合的结果,还是蓝色自然变成了紫色,一定会议论纷纷。在眼睛看不见的酵母的作用下,大豆变成豆酱或纳豆的时候,真相就更难被发现了。文化交流中也一定会有这样的情况发生,但在现实的历史学中,这是超越实证能力的评价问题,结果只能寄希望于历史学家们的推测了,说到底这也是在某种定义之上构建起来的。

关于东亚文化对西洋文艺复兴的贡献问题，无论肯定还是否定，结论都只能在一种定义之上形成。即使否定东亚的影响，把文艺复兴解释为西洋社会自身发展的结果，排除各种不同意见，主张自己的专利，都是难以做到的。清朝考据学是否受到西洋学术的影响，问题的本质也一样。为构建起一个结论，必须假定一个无需证明的定义，这条定义随着如何评价东西之间距离的改变而改变。这一距离，不仅是空间上的距离，无疑也是精神上的距离，更与如何对一国一地文化传统、民族个性作出客观评价的态度紧密相关，所以结果一定会发展成为如何看待世界历史这一史观问题。

一时议论纷纷的日本精神问题也是在几条定义之上成立的。对日本精神和外国精神之间的距离，给出了独断评判，甚至没有留下余地去探讨一下是就此全盘接受呢还是加以克服。定义如果不被认识到是定义，而将之视为信仰，这不得不说是学问上的重大缺陷。

虽说越慎重的历史学家越常表示出怀疑的态度来，但这里的怀疑也不都是否定。相对于"不会吧，不会有这种事"这样普遍的否定命题，想象事物的可能性是最慎重的态度。我们应该对传统历史书中字里行间的空白做出勇敢的探讨，然后基于不同于以往的定义，提出新的历史学观点。这一取舍的正确与否，当然是由时代和公论来决定的。

虽说历史的评价追求客观性，但并不是任何事情都可以靠多数票来决定黑白的。也不必激起争论,我们只能期待在提出并实施各种方案的过程中,公论自然就能确定。如果不相信公论,人文学科就无法成立。而为了导出真正的公论,首先要从名人的身边解放出来,从学术流派中解放出来,把艺术从国界中解放出来。这些都是一开始就必须去完成的。

原载《智慧》八,1948 年 2 月

东洋史学的研究方法

我的研究生涯才刚刚走过三十年，但在这三十年间，我的研究方法却发生了很大的变化。进入大学后，我受到了史学泰斗内藤湖南博士的指点。内藤博士博闻强记，胸藏万卷，有睥睨一世的气概。他不做摘录也不用笔记，只是在自己丰富的藏书中略作摘录而已，所以壮年时基本就不需要助手。桑原骘藏博士在这一方面是相同的，他明确说自己不喜欢用助手。但是，这些大家一旦驾鹤西去，他们的伟大成果，除了已经出版问世的著作外，就都只能与肉体一同逝去。他们的博大学问，除了亲自培养的少数门生之外，大多数都不为世人所知。就如同大陆般巨大的冰山只露出水上的一小部分，然后便无声无息地融化了。而东京大学的加藤繁博士则坚持做笔记，将资料制成卡片保存起来，所以博士的论文中还有卡片的香味。这些卡片在博士身后被某人继承，至今仍对该领域的学者大有裨益。通过制作卡片这种手段，大规模且有组织地展开资料整理的,就是以日本的东方文化(人文科学)研究所、北京哈佛燕京学社为中心制成的索引。资料索引非常方便,以至有人极端地说,即使不读书也可以研究学问了。如果说这是资本主义式的做法的话,那么,最近主张唯物主义史观的研究者之间,也正在盛行一种围绕某个课题组织众人展开集体研究,试图从中整理出集体的智慧。但若不是每个人都有坚实的研究基础,这样研究就有陷入公式主义和经验论的危险。

虽然研究方法是多种多样的,但不同的研究方法都有自己的极限。本人的态度是,走自己的路就即可。虽然不喜欢讨论,但我注意充分吸收他人的研究成果,以免落后于时代。同时,也想把自己的研究留存下来,希望多少能给他人提供一些方便。即使有人批评我的专业研究偏离了主线,失去了焦点,但我还是希望广泛涉猎,从自由又略带个人主义的立场上来不断弥补前人学者们留下的学术盲点。

原载《京大东洋史》附录《通信一》,1951 年 11 月

旧著《京大东洋史》后记

　　昭和二十六年初夏，同事外山军治和羽田明来与我商谈《京大西洋史》的姊妹篇——《京大东洋史》的编纂事宜。在出版商创元社的邀请下，我们在有些不合身份的先斗町某处召开了第一次作者碰头会。《京大东洋史》这个书名虽然有些奇怪，但既然已经有了《京大西洋史》，将要编撰的又是其姊妹篇，因此就只能沿用这样的书名了。对于历史分期问题，如果书出现中世纪、近世等说法，也许会带来一些不必要的麻烦，因此，决定尊重所谓"内藤史学"的历史分期法，但在分章立节上更注重实质性的内容，在此之上将中国历史部分编成四册：1 古代帝国的形成、2 贵族制社会、3 独裁政治的时代、4 东亚的近代化，加上西亚和印度一册，总计五册。

　　虽说是概论性的书，但给我们的时间非常短，次年正月就要陆续出版，因此各位作者之间根本无法展开充分的沟通。任何事

情都是这样有利有弊。如果各位作者都能充分自由地发挥自己
的特长,那么在一些问题上就会写出部分新意来,但系统性上就
会有所欠缺。但如果统一过严,就会抹杀各位作者的创意。小到
一本概述书的编写,大到一国的文化教育事业,任何事情都免不
了这样的一利一弊。我虽是《京大东洋史》总论的执笔者,但这部
书并没有完全按照我的意见来建立统一的体系,而是充分尊重各
位作者自己的风格,这反而成了这部书的一个特色。

编写这部书的前后,正值北京成立人民政府,中国大陆进入
了中国共产党的时代。中共政府对中国历史的思考方法和解释
方式在当时已初露端倪,但我们并没有必要去迎合它。最近,中
国共产党的历史观被隆重推出,但我认为我们也用不着为此来重
新编写《京大东洋史》。不仅如此,不得不说我们还对对方的前途
深表忧虑。

历史学用于教育本是无可厚非的,但问题是如何利用的问
题。学术领域必须有学术的权威,如果学术以外的权威加入其
中,披着学术的外衣来把持教育的话,那就非常糟糕。日本明治
以后的教育就是这样,但好在明治时代还有自由思想的存在,才
不至于走向极端,走向极端的是“二战”的前夕。而中共政府以马
克思主义为信条,从一开始就否定与之相左的观点,这一点我真
为其前途担忧。在这样的体制下,一旦中央定下了方针,就很容
易出现投机者和媚上者,把议论从一个极端引向另一个极端,最
后都被最极端的论断所控制。纳粹德国称文艺复兴源于德国,苏

联称飞机是俄国人发明的,这些都是很好的例子。好在现在中共政府及时地认识到了这一点,提倡百家争鸣。希望这不仅仅是一句口号,要能落到实处。

这里我想举出二三个实例来说明《京大东洋史》与中共史学之间的不同。例如,对于太平天国运动的所谓近代特征,我们没有予以过高的评价;对于胡适的文学革命与陈独秀的思想革命,我们给予了高度评价,而不是单纯地评价五四运动。因为清朝是征服王朝,任何反清的势力都可能被称为义军或义举;不能因为胡适是反共主义者,陈独秀是失败了的共产主义者,于是就贬低他们的功绩。这些在我们看来都是徒劳的。我们热切期望中共史学不要在这条路上越走越远,希望亲苏派就此能够休战。

我们相信,历史无论怎样因个人的好恶和政治权力的压制而被忽视,但我们相信历史有其无法被忽视的客观的真实性。只是这种客观的真实性很难像自然科学那样,能够通过实验展现在读者的面前。但是我确信,不合理的事不会长久,在时间的冲刷下,客观的真实性一定会逐渐明朗。

中国有句古话:人盛胜天,天定胜人。意思是说,一时得志的人也许能为所欲为,但一切终将平复,过激的东西自然就会被淘汰。我们希望用长远的目光来看待历史,因此这部书中的结论也是非常一般的,一切都将落实到了该落实的地方。如果有人因此批评这部书的叙述过于平淡,那也无妨。

我不喜欢做投机倒把的生意,那种每天的心情都因此而上下起伏、一喜一忧的日子我可受不了。我想拥有属于自己的东西,尽管渺小,但仍想守望着它的成长。

原载《京大学院新闻》,1956 年 11 月 19 日

《东洋史研究总目录》序

　　为纪念《东洋史研究》第二十五卷的刊行,编辑委员会决定编辑出版二十五卷的总目录及人名、项目索引,并嘱托我撰写一篇序言,要求序言不能敷衍了事,不仅要叙述《东洋史研究》杂志的发展历程,还要涉及我国东洋史学研究界的变迁。

　　《东洋史研究》创刊号问世于昭和十年(1935)十月,距离现在的昭和四十二年已经过去了三十二年。三十年是一代人,因此,回忆往事,真有一种恍若隔世的感觉。三十余年间,我们的《东洋史研究》发生了巨大的变化,其背景,毋庸赘言,是我国学术界乃至整个世界的形势发生了惊人的巨变。

　　现在我们都认为,只有《东洋史研究》才是日本东洋史学学术期刊的代表。当然,刊登与东洋史相关论文的期刊和全国性的学会此外还有很多,但那些往往是"东洋学"、"东方学"或"中国学",而不是"东洋史"。虽说优秀的"东洋史"学会也有不少,但历史最长,且具有全国性规模的还是我们的《东洋史研究》。

然而,《东洋史研究》问世当初的性质,与今天大不相同。当时这本期刊的性质毋宁说是京都大学文学部东洋史研究室的同窗会杂志,而且据说在某种意义上还带有"造反"的色彩。之所以是"据说",因为我当初还没有参与其中。

造反的对象是当时保持着优势的京都大学的"支那学"。"支那学会"成立于明治四十年,有着悠久的历史。作为该学会的会刊,支那学会编集的《支那学》已经出版到了第七卷。在单行本的出版方面,弘文堂也借重京都大学硕学的学术成果正在陆续出版"支那学丛书"。会刊上刊登的论文及弘文堂出版的专著均出自当时威望甚高的大家之手,对于初学者来说是难以企及的。其实,即使到"支那学会"去聆听高论,也基本上听不到什么有趣的话题,购读了《支那学》,同样也觉得没有什么可读的,只能束之高阁。因此,东洋史研究会只召集东洋史的研究者参加,出版的杂志称为《东洋史研究》,这是对支那学的造反。后来,中国文学、中国哲学也模仿着独立了出来,作为大本营的支那学则陷入了困境,《支那学》停刊了,"支那学丛书"的出版也停止了,最终的结果必然就是一分为三。

《东洋史研究》对支那学的造反,同时也是对权威的造反。和每一次的造反一样,这一次的造反也发生在原先的权威走向衰落的情况之下。

在"支那学丛书"中出版了专著的硕学大家们先后离开了京

都大学。内藤湖南博士是大正十五年，支那文学的狩野直喜博士是昭和三年，桑原骘藏博士是昭和五年，矢野仁一博士是昭和七年，他们先后到了退休年龄。尤其是昭和六年和昭和九年，桑原、内藤两位博士相继去世，这样，作为东洋史研究室长老的三位教授相继离开，只剩下羽田亨博士一人独守孤垒，而且羽田博士当时还担任着文学部长（以后称为京都大学校长），非常繁忙，能够帮助羽田博士的虽然有那波利贞副教授和我，但整体上的颓势已经无法掩盖。

《东洋史研究》的首任会长是羽田博士，杂志封面的题名也出自博士之手。虽说是会长，但其实只是挂名，对东洋史学会的运作和期刊的内容从不干预，一切都交给编辑委员自主处理，这一传统一直延续到了今天。那波利贞和我也许会被认为是当权派，其实当时期刊的发行从来不与我们商量，甚至出版后也不跟我们打个招呼。次年春天，我作为文部省在外研究员赴欧期间，羽田会长提议把创刊号分发到欧美的东洋史研究室去进行宣传，一名编辑委员来拜托我的时候，对会长的这一决定甚至有些抱怨。无视会长以外的所有教官，这一传统同样也保留到了今天。

虽说《东洋史研究》是京都大学东洋史研究室相关人员的同人杂志，但绝不存在着排他性和封闭性的问题，没有把它作为私有物，相反，只要是对东洋史有兴趣的人，我们都期待成为有益的伙伴。因此在期刊的内容安排上，除晦涩的长篇研究论文外，还设立了新作评论与介绍、近刊论著目录、学界展望、汇报等多个栏目,向同好们提供丰富的资料。这有点像担天下之劳于一身的感觉,希望得到学术界全体同仁的首肯,事实上也因此获得了广泛的赞扬。从这一点上来说,《东洋史研究》从创刊之初就具备了全国性学会期刊的性质。

于是,《东洋史研究》在全国学术界的支持下得到了顺利的发展,但随着太平洋战争的爆发,期刊的运作也开始受到影响。最棘手的问题是政府的纸张统一分配制度。我们期刊的页数从昭和十八年的第八卷开始就明显减少了,发行速度也放慢了。为了确保纸张的配给,我们重新制定了会规,学会会员包括了羽田会长以下的所有成员,从第九卷开始改称新一卷。这些奇怪的方案可以说都是出于无奈。从那时起,我成了编辑兼发行的名义人,成了期刊的负责人。但第二年三月,我被应征入伍,一直服役到当年八月战败为止。当时的年轻学生们更是一批批地被征集入伍,连续多年,在读的学生也在"学徒出阵"的名义下被迫投笔从戎。

但就算在如此恶劣的条件下,《东洋史研究》作为学术期刊的性质始终没有改变,这一点是我们今天回顾往事时能够心安的地方。虽然扉页上的法文目录被削除了,但这不是什么大问题,只是在视一切横排文字为敌的年代里为确保用纸所做出的无奈的牺牲。除此以外,跟之前相比内容上没有什么变化,战败后在美军占领下开始的"公职资格审查"中,所刊论文也没有一篇被查出有任何问题。

　　"二战"结束以后的那一阶段,确保纸张的供应变得更加困难了,街头巷尾充斥着从海外归来的人群,背街小巷中黑市猖獗,在汽车和火车都很难得一见的岁月里,无力进行黑市交易的学会,就只能依靠政府的计划配给来获得纸张了。在这样的情况下,期刊终于难以支撑,昭和二十一年没有发行过一册。尽管在新一卷的名义下重新开始发行,但从昭和十九年八月到昭和二十二年八月,整整三年之间,终于把全卷六号全部出齐了,而且五六号还是合刊。当时实际从事编辑工作的人员,其间辛苦一言难尽。

　　从第十卷开始,不再使用新某卷的名称,恢复了旧名,但为了不引起误会,又采用了"通卷第十卷"的名称。同时,目录中的外文也恢复了,只不过以前用的是法文,现在改用了英文。学会名称和期刊名称的译法也略有改动。在羽田会长的提议下,我们把原来的法文

La Société de l'Histoire de l'Extrême-Orient

Revue des Etudes de l'Histotire de l'Extrême-Orient

改成了英文

The Society of Oriental Researches

The Journal of Oriental Researches

因为西洋的 Oriental Researches 基本上就是历史研究的意思，所以没有必要再刻意加入 History 这个词汇了。由于语感上的差别，我想补充说明一下，"东洋学"绝不是从日语的"东洋史"翻译过来的。从第十一卷起，原期刊号中的"通卷"二字也被拿掉了。

于是在各编辑委员的拼死努力下，我们终于获得了用纸计划。但即使收齐了原稿，发行了期刊，但当时的世界也不是能够安心下来做学问的，优秀的研究者也每天困于生计，连购买书籍和杂志的余钱都没有。我们的《东洋史研究》销量相当差，在当时官僚主义的书刊统制制度下，我们收到了将《东洋史研究》和《文艺春秋》捆绑销售的通知，这恐怕给想买《文艺春秋》的人带来了很多麻烦。在那个任何纸张都不足的年代，捆绑销售的《东洋史研究》大概都被当作便纸用掉了，以至于后来这一时期的《东洋史研究》打着灯笼都很难找到，现在很多旧书店都愿意以一册一千日元的高价来收购，但当时我们因苦于生计，虽然觉得捆绑卖了非常可惜，但也没有囤积的余地，于是只能不惜自己的辛苦做了赔本买卖。

此后到了昭和三十年左右，随着日本的整体复兴，《东洋史研究》的发行也回归了正常，于是创刊二十年的历史和洋洋十五卷的业绩，不知不觉中使《东洋史研究》在学术界获得了坚实的地位。由于投稿者遍布全国，昔日同窗会杂志的定位已不恰当，有必要对学会的组织进行改革。当时也有促成此事的外部条件，那就是文部省为分配学术期刊的出版补助费，要求对各专业的学会进行整合,普遍贯彻"一个专业一个学会"原则。于是东洋史研究会进行了改组,成为具有全国规模的学会,组织上每两年召开一次大会,选举三十名评议员进行指导,由评议员会选出会长和副会长。昭和三十年十一月,我和田村实造授被选为会长和副会长。

但事情也并非我们想得那么顺利,虽然《东洋史研究》作为东洋史学的专业期刊没有受到其他期刊的有力挑战,但要成为代表全国学术水平的期刊获得出版资助,还需要经过多年的努力。我们切身地感受到,在京都这片土地上要想成就一番大业是多么的艰辛。直到昭和三十九年以后,我们才终于每年都能获得了出版资助。当然,我们从未想过要靠着资助来贪图安逸生活,但考虑到购读会员的经济状况,我们尽量不考虑涨价。作为当事者,减轻读者的负担是理所当然的责任。

当时的学界,在战时皇国史观退场后,转而变成了唯物主义史观的天下。但即使如此,我们的《东洋史研究》却依然本着纯学问的态度坚守立场。唯物主义史观当然好,但充其量不过是一种营养品,不能当作兴奋剂来用,学问的最终目的,必然是为了建立一个平衡而健康的身体。

换言之,东洋史学必须成为具有世界普遍意义的学问,不能只通用于日本国内,必须成为能够被日本、美国、中华人民共和国所利用的成果。中国成立了中国共产党政权,日本学术界应该怎么办呢? 有人误以为追随是唯一的道路,但事实绝非如此,和中共学者说同样的话,根本无法迎合中共。纵使立场不同,我们也要做出对方无法回避的成果,这才是学问的真谛。好在我相信,我们的《东洋史研究》已经在某种程度上实现了这一目标。欧美一流大学的图书馆中几乎都有《东洋史研究》,中国的学术期刊中也在引用《东洋史研究》的成果。虽然中国学界不会明目张胆地表明引用了日本人的研究,但我们还是心知肚明的。新的事物不是从外部借来的,而是要在创造中探索。

相比其他期刊,《东洋史研究》的特点在于它亲近读者。现在的专业学术期刊多种多样,但能够始终如一的却屈指可数。平实而不失品位,维持学术的最高水平,这虽然很难,但却是我们的追求所在。因此,我们尽量避免汉文原典的直接引用,以训读的文体代之。

如今,《东洋史研究》已经突破了二十五卷,创刊以来也经历了三十年的历史。尽管当时的志向甚为谦虚,但《东洋史研究》最终不可阻挡地获得了世界一流期刊的地位。获得书号的困难以及因此而导致的价格昂贵,甚至让我们感觉到有必要将全部期刊重新印刷。正好美国 Johnson 印刷厂前来申请二十卷以前的复印权,经过慎重的考虑,我们决定答应他们的要求。当时我们考虑的是,对于日本读者来说,有某家日本出版社来再版是否会更加便宜,但似乎没有合适的出版社,因为日本的商家往往喜欢采取速战速决的经营模式,不喜欢几十年间都有库存,无论何时都得按需发售。另一方面,既然有美国的专业复制印刷厂前来申请,考虑到因此能广为世界所知,为远方读者的订购提供方便,我们就没有理由不答应。任何学问都不是一国的学问,必须以全世界为对手来展开研究。

我们相信,我们对日本学术界的贡献已经是竭尽所能了。最初的出版费是从同仁的零花钱中榨取出来的,稿费始终一文都没有支付。即使在改组成全国学会期刊之后,编辑委员在会长的委托下全都是无偿劳动。虽然预算表上的津贴有了少量的增加,但那些都另有用途,以备不时之需。既然有力出力,作为会长的我每当有些余钱,也常常尽一点绵薄之力。当然,我们不能因此而自以为对日本学术界尽到了多大的责任,但至少没有留下任何债务。对世界学术界尽责,这将是我们新的任务。

东洋史研究会除定期发行《东洋史研究》外,还出版发行了"东洋史研究丛刊"和《羽田博士颂寿纪念论丛》,每年也定期为东洋史大会的召开提供帮助,但这些都和这次编辑杂志目录索引无关,尽数略去。

最后,对长期以来关爱《东洋史研究》的广大读者和各位会员表示崇高的敬意,同时向为本刊的成长不断赐稿的作者和历任编辑委员的辛劳致以衷心的感谢。还有,我们还要向因编辑总目录而特别同意追加资助的文部省当局表示深深的谢意。

1967 年 7 月

冯道与汪兆铭

　　历史上有数不清的恶人,而且有各种各样的类型。中国五代时期的宰相冯道就是其中的一种,被认为是"古来无节操"、不知羞耻之流的代表。但事实真的那么简单吗?

　　冯道生于唐末僖宗的中和二年(882),也就是逆贼黄巢占领都城长安的时候。但冯道是现在北京附近的瀛洲人,远离内乱的中心,故得以免于战火,能够接受到初等教育。他二十六岁时,后梁取代了唐朝,此后局势更加混乱。后梁定都开封,号称正统,但是时天下已经四分五裂,冯道家乡附近的军阀刘守光就在北京自立为燕帝。冯道曾出仕燕帝,因意见不合而入狱。燕帝被今山西的大军阀晋王李存勖消灭后,冯道又出仕晋王。当时,晋王与后梁隔着黄河对峙,连年斗得你死我活。晋王的将领擅自掠夺和奴役人民,当时作为文官的冯道,也默默地收下了抢来的作为战利品的妇女,但冯道又派人保护将她们送还给她们的父母。最后,后梁向晋王臣服,晋王正式建立了五代第二个正统王朝后唐,统一了华北,冯道再次出仕中央,担任宰相。不久,后晋在契丹的帮助下代后唐自立,冯道仍是宰相。再后来契丹人建立的辽朝入侵灭中原,灭亡后晋,占领首都开封,他曾出仕辽太宗,等契丹撤回、后汉建立后,冯道又当起了后汉的宰相。最终,后周代替了后汉,他又成了后周太祖的大臣,在下一代周世宗的初年去世(954),享年七十三岁。史称他仕四朝十君,担任宰相前后长达二十三年。如果加上契丹的话,就是历经五朝,再加上燕的话,就侍奉了六代十二君。

于是,进入了君主独裁制确立的大一统之世北宋以后,史家们都对冯道的官场经历嗤之以鼻,《新五代史》称他为不知廉耻之徒,《旧五代史》也不乏批判其不忠的语句。但站在君臣之别已然确定的时代立场上,回过头去用当代的笔法去评价五代那样的乱世,这是不妥当的。我们应当倾听一下冯道为自身所作的辩解,因为冯道自己曾经说过自己是"忠于国"的。那么,这里的"忠于国"究竟是一个什么样的含义呢?

说起来,中国的君臣观念经历了漫长历史的考验,有着日本人难以想象的进化和复杂化的过程。中国的天子,说得极端一点,必须是服务于人民的人。臣下虽是服务于天子的,但服务于天子的目的,最终还是要服务于人民。因此,如果当时的天子不能服务于人民,臣下在有可能的情况下就必须超越天子直接服务于人民。冯道之所以不说"忠于君",而是越过了君主直接"忠于国",其原因也许就在于此。

其实,在五代那样的乱世中,如果真的要与君主个人同生共死的话,那么再多的生命都是不够用的。在那样的时代,比起君主一人来,无数的人民才是更重要的。在这一点上,冯道为人民尽了力。如果君主是后唐明宗那样的明君,他就献上聂夷中的《咏田家》,来努力告知君主农民的辛苦,诗云:

> 二月卖新丝,五月粜秋谷。
>
> 医得眼下疮,剜却心头肉。
>
> 我愿君王心,化作光明烛。
>
> 不照绮罗筵,偏照逃亡屋。

后晋灭亡后,异民族契丹入侵中原,性质不同于内乱的民族战争周而复始,场面异常惨烈。面对契丹人的残暴,中国人民展开了游击战,而契丹则进行报复性的大肆虐杀。冯道无法袖手旁观,从河南内地来到都城谒见辽太宗,恳求道:此时就算佛陀再世,也无法解救天下百姓。能够救济百姓的人,陛下,只有您一个人了,请不要再屠杀百姓了!

据说契丹人没有把中国人杀光,这有赖于冯道的功劳。

但冯道最后却做了件蠢事。后周明君世宗即位不久,山西军阀刘崇大举来犯,正当世宗打算亲政的时候,冯道却罕见地力谏世宗放弃。但世宗没有听他的,漂亮地击败敌军后凯旋。其实到了周世宗的时候,旧式的军阀已经遭到淘汰,新式的军阀正在兴起。冯道过于喜爱这位有霸气的年轻天子,生怕他受伤才选择了谏止,但他不知道世宗是新时代新力量的代表。就在这一年,冯道作为一个过时了的人物离开了人世。

我在读《冯道传》的时候,有时会想起汪兆铭。由于他在日本占领下的南京建立起了国民政府,等于是把自己过去五十年的光辉革命历程付之了一炬。现在的中共自不待言,台湾也把他当作汉奸来对待,同时他也被日本人忘却了。但是从他的境遇来看,又有什么人有权去唾弃他呢?

日本军队攻入中国,国民军一败涂地,带着中国人一起逃跑本身就是不可能的事。而当中国人民无可奈何地沦入日本人的统治时,又有谁能够多少为他们争取一些权利呢? 这时,能够像冯道那样去请求日本解救“佛陀再世都无法解救”的人民的人,必须是既获得中国人的信任,又在日本人面前吃得开的人。寻遍中国,这样的人除了汪兆铭别无他者。

尽管如此,日本战败后,蒋介石的做法却不近人情。表面宣称对日本的罪恶既往不咎,其实却是穷追猛打,对曾经作为南京政府协作者的迫害更是令人发指,这就等于自己丢弃了作为战胜者的荣光。在中共成功的背后不可忽视的是,曾经参与过汪兆铭政权的人员的逃亡和覆灭,正加速了国民政府统治的覆灭。结果是,成功后的中共政权,对国民党自由思想的抬头抱着强烈的警戒心,且一直持续到了现在。

　　在与近卫公颇有渊源的这本杂志上发表这样的文章,想必会引人注目。但我绝没有将近卫公与汪兆铭相提并论之意,这完全是两码事,我只是把一直以来所想的问题就此表达出来而已。每次读中国历史,都感到北宋的史学家很公平。《旧五代史》也好,《新五代史》也好,在批判冯道的同时,也不忘记录下他的长处,我们也正是因此才得以描绘出冯道这个人物的真实形象。在这一点上,我倒觉得宋代的史学家比当今一边倒的史家们优秀得多。

原载《东亚史论》第二卷第二号,1960 年 2 月

《唐宋时期金银研究》献疑二则

书看似能读懂但却读不懂。如果能从所读的书中发现疑义，那就非常值得自豪了。我曾多次认真拜读已故加藤繁博士的名著《唐宋时期金银研究》，把阅读中产生的疑义都做了笔记，但最终也没能有机会直接向博士求教。我在这里举出其中的两则，希望能给后来的读者提供方便。

（1）第二册第 540 页，引用了唐代王建的《送郑权尚书之南海》诗，诗中有这样一句：

> 市喧盗贼破，金贱海船来。

加藤博士将上半句读成倒装句，解释为"市场喧闹，击破盗贼"。但这样的解释总觉得过于平淡，读来索然无味。"破"这个字，《玉篇》解释为"解离也"，也就是散开来的意思。"支破"、"破钱"中的"破"就是这个意思。所以，"盗贼破"可以解释为"盗贼散"，意思是说，前来袭击城市的盗贼，被市场的繁华所震撼，于是就四散离开了。如果这种解释可以成立的话，那么，下半句也不应该像加藤博士用倒装句所解释的"海船到来，黄金贬值"了，而应该是"黄金价贱，吸引了海船的到来"。从大局上看，古代中国的金价比起西亚等先进国家来要低得多。所以，中国从周边藩属国积聚的黄金，大都输向了西亚、印度。不过，王建的这这句诗，不能理解为外国商船大举来航只是为了收拢唐朝下跌的黄金，因为黄金本身并不是什么重要的商品。应该这样来理解，由于广州一带把黄金作为货币流通，同时也是价值尺度，所以随着金价的相对低落，物价也变得便宜，外国商船正是受此诱惑，大规模来到中国采购物资的。这与中华民国初年银价下跌，大批日本人赶往上海购物如出一辙。

（2）第二册第 546 页开始的第八章第六节《宋代的金银进出口》中，列举了多例来证明宋朝的金银通过各种渠道流向了国外，但唯独没有引用《续资治通鉴长编》卷六八大中祥符元年正月"时金银价贵，上以问权三司使丁谓。谓言：'为西戎辉和尔所市入蕃。'乙亥，下诏约束之"这一条记载，因此金银流向西域的现象没有受到重视。加藤博士习惯把史料做成卡片使用，他自己有时也在论文中向读者抱歉说有些卡片遗失了。虽然这么说对博士很失敬，但这也是在做卡片与做笔记这两种方法孰优孰劣的问题上，给我们留下的一个教训。史料做成卡片后虽然便于使用，但按我的经验,最重要的卡片往往有丢失的危险。

虽然与加藤博士的著作无关,但在研究金银问题时,一定会用到顾炎武《日知录》卷一一"黄金条"中对金银比价的论述:"幼时见万历中赤金止七八换,崇祯中十换,江左至十三换。"其中的"江左"一词,通常会被解释为地名的江左,但这是不充分的。江左是指的江左政权,众所周知,常被用于指代六朝。明末福王于崇祯十七年五月在南京即帝位,这一政权维持了约一年的时间,到次年的弘光元年五月倒台,这个政权就是顾炎武所说的"江左"。黄宗羲《郑成功传》中"章皇帝(顺治)定鼎之元年,福藩立江左,改元弘光"即是一例。在如此混乱的时期,比白银更便于隐藏或搬运的黄金就成了重宝,价格急速上涨。同样的情况还发生在北宋末年被金军围困的开封城中。

原载《东洋史研究》第十八卷第二号,1959 年 10 月

王建诗再论

在本刊的上一期里，我对加藤繁博士《唐宋时期金银研究》一书所引唐代王建《送郑权尚书之南海》诗中的"市喧盗贼破，金贱海船来"一句进行了解释，认为上半句的后三个字应该解释为"盗贼四散"。但反复吟读这句诗，仍觉得不妥，而这种不妥应该出自原诗的缺陷。无论如何，前后两句大体上是对仗的，"盗贼"对"海船"。但这两个词的结构其实是不同的。"盗贼"是两个名词相叠，而"海船"则是形容词加名词的形式，可以说这里是不工整的对仗。为使其工整，"海船"一词已经没有可以修改的余地了，问题就出在"盗贼"二字上。如何修改，就只有靠第六感了。我认为，盗贼的"贼"字可能是"胆"字之误。查阅《佩文韵府》，"胆破"一词常常被用作熟语，如《南史·王融传》、《陈琳为袁绍与公孙瓒书》、《任华寄杜甫诗》等诗文中皆有实例。而且除"胆破"这个词外，还有"贼胆破"的用例。唐代陆龟蒙的《南征诗》中有"边知贼胆纵横破"的句子,《唐书·卢杞传》中也有"怀光勋在宗社,贼惮之胆破"等用例。既然"贼胆破"已经作为一种寻常的表述,那么自然就联想到了"盗胆破"。这应当用来替代王建诗中"盗贼破"的最佳词汇。

原载《东洋史研究》第十八卷第三号,1959 年 12 月

关于「可汗」的读音

用于称呼北方民族君长的"可汗"一词,经突厥文碑文证实写作 qa-ɣan,这一点应当是不容置疑的了。但宋代以后的中国人却似乎并不这么认为,《资治通鉴》胡注就对"可"字给出了两种不同的读音,这一点值得我们注意。1.《通鉴》卷七七"景元二年"条下,胡三省引宋白曰:"虏俗呼天(子?)为可汗,可读如渴。"2. 卷八〇"咸宁三年"条下胡注称:"可,今读从刊,入声。"3. 查阅《康熙字典》,发现还有第三种读音,引《字汇辅》称"苦格切,音克",与《辞海》中的"可黑切,音客,陌韵,可汗读如客寒"的解释属于同一系统。其中,第 1 种说法,把"可"读成"渴",可能与《辽史》卷三〇所称耶律大石号"葛尔汗"有关。日语语音中以"tsu"音结尾的汉字,在翻译时用"ru"音结尾的字,这从"达磨(tatsuma →daruma)"一词中即可知晓。更有人推测,"可汗"这一称谓最早可追溯到《晋书》卷一二五中乞伏国仁的名字"纥干"。第 2 种说法认为"可"字读作"刊",这个字可以读成"qan"。据白鸟库吉博士刊于《东洋学报》第十一卷第三号上的著名论文《可汗及可敦称号考》,《蒙古秘史》中常用"合"一个字来代替"合罕"二字,此时的"合"字应该和"可"一样读成"han"。所以,可汗一词实际是记录了 qan-han 的读音。那么,"可汗"到底是什么意思呢?有人认为,可汗就是大皇帝、汗之汗(Shah-an-shah,King of king)。但这种解释必须看作复数所有格的句尾省略,而这样的用法是否成立还有待讨论。当然,实际中完全可能将 King of king 简称为 king,这里的问题只针对字义而言。总之,关于"可"字的读音有多种说法,这些说法应当成为对"qan 就是 qahan 的省略"这种简单的通说展开重新探讨的材料。

原载《东洋史研究》第二十二卷第三号,1963 年 12 月

余白录

象群的后退

最近的报纸上有这样一条新闻，称在中国云南省南部靠近中缅边界的澜沧江附近的森林中，发现有二三十头野生大象栖息于此（《大阪朝日》昭和三十二年三月五日）。中国直到南北朝时期，长江一线都还时常有野象出没。刘宋沈攸之曾杀死了出现在江陵城北数里的三头大象（《宋书》卷七四）；梁天监六年三月，又有三头大象进入京师（《梁书》卷二）。到了五代北宋时期，这条线一直向南推到了五岭一带。据说南汉时东莞有象群出没危害农作物，最后被官府猎杀，禹余宫使邵某将象骨收集了起来，在资福寺前建塔供养（《南汉春秋》卷一二《镇象塔》）。此外，宋代福建路漳州漳浦县的群山中也曾有象群出没，危害县民，官府以捕虎的金额加以悬赏，要求捕杀象群卖掉象牙入官（《续资治通鉴长编》卷二四九"熙宁七年正月庚申"条）。如此看来，古代生活在黄河一带的大象，在人类的驱逐下不断后退。不管怎么说，人类都是自然界最讨厌的生物。

原载《东洋史研究》第十五卷第四号，1957 年 3 月

幽云十六州的地图

　　最近出版的多种概说书中,出现谬误最多的,要数宋辽时期所谓幽云十六州的地图了。究其原因,是被用作依据的箭内亘博士《东洋读史地图》的这一部分涂错了颜色。十六州中的瀛、莫二州已由周世宗收复,此后辽圣宗从宋太宗手中夺取了易州,澶渊之盟又肯定了这一现状。所以此后有争议的地区实际上只有十五州,营、平诸州自然不在其中。作为空前的大作,更经和田博士的校对,竟还是出现了这样的错误。最近每每提笔写概说书,都由衷感慨著述之艰难。

原载《东洋史研究》第二十七卷第四号,1969 年 3 月

雍正二年版《缙绅全书》和《中枢全书》

　　也许上天都在怜悯我们废寝忘食地研究雍正时期的历史，奇迹接连不断地发生，雍正二年版《缙绅全书》和《中枢全书》的出现就是其中之一。这两本书可以说是清朝文武官员的花名册，这种书籍在清末的光绪年间非常常见，但乾隆以前的却非常的稀少，这次出现的正是我们想要的雍正年间的官员名簿。近卫家的阳明文库长期寄存在京都大学，大战前转移到了嵯峨野的新馆时，将其中的一部分捐赠给了京大，但长期以来都没有人发现其中就有上述两本书。一次偶然的机会，被研究中国文学的小川环树教授发现了，我们都为此惊喜万分，额手相庆。

　　《缙绅全书》纵25.8厘米，横17.3厘米，封面上书：

文升阁缙绅全书 雍正甲
辰冬季

衬页的右栏书：

增补加级驿递土产程途及地方冲僻进学额数

中栏为书名，左栏书：

凡新选补官爵祈将　　　　京都西河沿九间楼对门
台号旗分籍贯速颁以便刊刻　　　　　　　　发兑

接下来是序文，称当时在坊间流传的《缙绅全书》不下四五种，而此书最为准确。序文之末书：

大清雍正癸卯年二月中和后五日　　　师济堂主人识

《缙绅全书》由包括京官和外官在内的上下两册构成，上册包含京官六十二丁，外官六十七丁，下册包含以山东省为首的外官一百八十七丁。其目录为：

直省官制	满汉加级	升选年月	外任仪注
儒林同列	入学额数	各县银粮	六省漕米
盐课芦课	关税驿站	土产悉登	程途亦录

　里役多寡　地方繁简　备载无遗

目录的最后部分是《千字文》,和一般的俗书一样,非常有意思。

　目录之后刻写着:

　　京都正阳门外西河沿九间楼对门坐北

　　朝南文升阁刊刻新板缙绅全书及中枢

　　全书辅政全书镂刻精工考覈详明与众

　　不同凡

　　满汉大人先生升选后祈将名号籍贯下颁

　　以便添刻赐顾者详认招牌便是

　因人事变动,书中的内容需要经常更换,但重新雕版重造未免过于辛苦,所以部分改动采用了挖版嵌入的方式暂且应付。

　挖版嵌入的方法,如第一张表中列有内阁大学士的衔名,其中第三行写着:

　　武英殿 大 学 士 兼 吏 部尚书加二级 富宁安 满洲 厢蓝 旗
　　　　 协理大学士事务户 　　　　　　 徐元梦蝶同 　　 正黄
　　人 癸丑

原本用来书写一个人的空间写进了两个人,而且相同的文字被保留下来再次利用,这样的做法让人看了觉得相当局促。姓名之下记录着这个人字、籍贯以及进士及第年份。

《中枢全书》全一册,与前书的尺寸相同,除了一百三十四丁外,还包含了京城巡捕三营等八丁。衬页右栏书"按月刊补",中栏为书名,右栏书"金鉴斋梓行",发行者不同,但封面上都写的是文升阁,可能是文升阁继承了金鉴斋出让的雕版。两书封面上都写着"雍正甲辰冬季",让人觉得是按季改版的,但衬页上又写着"按月刊补",又像是按月改版,具体情况不得而知。

《中枢全书》的有趣之处在于它对武官俸禄的记载。武官"正一品俸银九十五两八钱一分二厘薪银一百四十四两"。但武官还有岗位津贴,比如提督,"提督支一品俸薪外岁给蔬菜烛炭银一百八十两心红纸张银二百两案衣家伙银一百两",比起薪俸合计的二百三十九两,岗位津贴还要多出四百八十两。这和文官一品的俸银一百八十两相比,差别尤为显著,看来并不只有日本曾经是武官优先的。

可惜京大只藏有上述的两种书,找不到序文中提及的《辅政全书》。而且根据第一册封面题签所书"则例全书"和"计肆函共贰拾肆本案季增补",还应该有一本《则例全书》才对。

原载《东洋史研究》第十六卷第四号,1958 年 3 月

余白录

向陵的围墙

　　据说在明治时期，东京第一高等学校（向陵）的围墙是神圣不可侵犯的。昭和三十八年一月六日《京都新闻》①第十五版报道了《Imbrie 事件的真相》。

　　当时（明治二十九年左右）的一高发表了荣誉自治宣言。一高的学生对这所自治校园的围墙抱有独特的神圣感，他们把校园视为圣地，而俗世与圣地的分界线正是这向陵的围墙。作为传统，即使没有赶上晚上十点门禁的学生，也不会有人为抄近路而翻越低矮的围墙，而是选择沿着长长的围墙走到学校的大门，把堂堂正正地翻越大门视为一种荣誉。而这一次，一个外来人员，而且还是外籍教师（明治学院教师 Imbrie，美国人）翻越了围墙，于是事态自然就变得不好收拾了。据说不止是一高，这样的风潮

---

①　《向陵的墙垣》刊载于《东洋史研究》第 21 卷第 3 号，时间为昭和三十七年（1962）十二月。此处所言"昭和三十八年一月六日的《京都新闻》"，在时间上与之不合。

77

在当时的高中和中学都能看到。

这是未开化民族中常见的风俗。他们往往会把无聊的事情扯上宗教的意义,人为地制造出禁区。当时的京都三高以及附近的府立一中,校园周围也有围墙,但却屡屡有学生翻越,这也许就是关东和关西在风气上的差异吧。

原载《东洋史研究》第二十一卷第三号,1962 年 12 月

《论语》与孔子思想

（津田左右吉著）

　　本书是津田博士众多著作中继《道家的思想及其展开》、《左传思想史的研究》之后的第三部长篇力作。

　　绪言和结语之外，全书分为五篇。第一篇《传世的孔子话语》，其中又分为《与〈论语〉无关的孔子话语》和《与〈论语〉有关的孔子话语》两章，通过从汉代往前追溯，作者考证了孔子的话语随着时间的推移不断被追加，现今的《论语》已不全是孔子的思想。第二篇《〈论语〉及孔子话语的传承》，从西汉时期《论语》的传承往前追溯，指出战国时期《论语》尚未形成，力图探索孔子话语的传承。第三篇《〈论语〉的形态及其内容》中，从《论语》文章的形式、修辞、人物称呼的用法来探讨其形态；其次将《论语》的内容分为与道德相关的部分和与政治相关的部分，同时也列举了《论语》中与孔子思想难以调和的话语。第四篇《〈论语〉的形成过程》对以上几篇的论述进行总结，探讨《论语》的形成过程。作者指出,《论语》中包含了孟子以后附加上去的内容和孟子以前就已经存在的部分,《论语》的编纂并没有一贯的规则,各篇中出现的弟子的名字也没有什么深意可言。作者由此出发来思考孔子去世后儒家的学统,认为它与《论语》的成书之间有着密切的关联。这些观点与武内义雄博士等人的学说相对立,这一点值得我们注意。最后的第五篇《〈论语〉与儒家之学》是博士最擅长的领域,自然也最为精彩。首先,作者对孔子的思想进行概观,叙述孔子的思想是如何经过孟子、荀子的发展,最终传到汉代的儒家的;其次,探讨包括孔子在内的儒家学说的一般特征;最后,作者指出了包括儒家在内的各种中国学问所具有的共同倾向,以此为全文作结。

读完本书,若是要我坦率地说出感想的话,这就是过于在《论语》的周边徘徊了。既然是以《〈论语〉与孔子的思想》为题,那么全书的核心就应该是第三篇第二章的《〈论语〉的内容》和第五篇第一章《孔子的思想》这两处。且不说两处加起来的篇幅还不到全书的十分之一,即使读者阅读了,最终能否从整体上把握孔子的思想还是一个问题。

首先关于"论语的内容"。《论语》毕竟是一本非常难以读懂的书,而作者却意外地等闲视之。如《宪问篇》中,作者把孔子盛赞管仲为仁者的"如其仁,如其仁"一句,遵从传统的解释,将之理解为"仁如是乎,仁如是乎"。但关于这句话,自古以来就有许多争论,早在德川时代就有日尾瑜的《管仲非仁者辩》("日本儒林丛书"解说部第一所收），近来又有狩野直喜博士的《孔子与管仲》（"支那学文薮"所收），都认为这一句应该读作"此仁如何，此仁如何"。这种读法可以使其与《论语》中的其他部分在一定程度上得以调和，应该被采纳为定说。

此外还有多处意思模糊不清的地方。《论语》难懂的原因之一就是，后世儒家采用孟子和汉代儒家的思考方法，只解读了《论语》中容易解读的部分，而对剩下的难以解读的部分则肆意歪曲。津田博士对"子罕言利，与命与仁"中将"仁"与"利"相提并论表示难以理解，但这可能是因为这句话本身就是一种自我告诫，而作者却不知不觉地就用孟子"何必言利"的想法去解读它了。既然孔子的弟子子贡都可以进入《货值传》，孔子偶尔言利也是可以理解的，只要不与"仁"相违背就可以，没有必要如此固执。虽然《论语》在有些情况下用《孟子》来解读也是有益的，但最重要的还是尽可能只把《论语》当作《论语》来读。因此所谓的考证读法、思想史读法，归根到底其实都是一样的，而当务之急就是要尽快找到解读《论语》的正确方法。

其次是关于"孔子的思想"。作者过于执着地将《论语》中可以生疑的部分全部排除出去，对孔子的思想做出保守的评价。导致的结果就是，对思想史自然的发展方向，亦即《论语》特有的思维模式及孔子特有的逻辑的把握上，都只能轻易地放弃了。因此，孔子的思想被简单地分成了道德方面、政治方面和其他方面这三块狭小的领域。至于这些遗产是如何被后世儒家所继承的，也只能在这种狭小的视野中来展开。既然孔子是不存在着逻辑的，那么其后儒家思想的发展中也就不存在逻辑，只不过是随着时势的发展，这份遗产时多时少而已。

从春秋末期经历战国到汉初，这是一个思想异常自由的时代，也因此才会出现百家争鸣的盛况。在这一时期，后起的学派和门徒常常会攻击既有学派学说中的弱点，同时又采其长处来补益自身学说的弱点，以期与其他学派对抗，从中也就能够窥见思想发展的逻辑性。对于孔子来说，墨家确实是把孔子作为攻击对象的，而孟子又把墨家作为攻击的对象。孟子在攻击墨家的同时，其思想无疑也受到了墨家的影响。如果能从这些关键点中找出思想发展的逻辑性，那么孔子思想本身也就能随之而越发清晰了。比如从墨家"天"与"命"的论说中，就可以窥见其与孔孟在天命观上的差异。

如果能够把古代史研究者分为释古派和疑古派，那么，津田博士的立场可以说正属于疑古派。本书从津田博士的立场上来看可以说是告一段落了，但是作为疑古派不可避免的特色，急于破邪而略于显正。总而言之，本书已把疑古派的长处发挥得淋漓尽致，但结果却如实地证明了其本身功效的有限。

为了方便初学者，我觉得有必要附记上两三本参考书。首先是《论语》的本文应该怎么来读的问题，如果只是单纯地把汉文释读成国译的话，那么还不如去读汉文原著，虽然文体有点古，但根本通明博士的《论语讲义》一书很好读。不过专业的学者也许会对此提出异议。经典以外辑录孔子话语的书有清代曹庭栋的《逸语》，虽然也很古老，但好在有远藤隆吉博士的《逸话训译》。孔子弟子的事迹被整理在马骕的《绎史》卷九五中。薛应旂的《四书人物考》虽被贬为俗书，但其实非常好用。毋庸赘言，武内义雄博士国译校订的岩波文库本《论语》，以及从不同于津田博士的立场去考证《论语》成书过程的《论语之研究》，都是必读的书目。

32 开　正文 523 页　索引 22 页　岩波书店 1946 年 12 月版

原载《东洋史研究》第十卷第一号，1947 年 12 月

中国身份法史

（仁井田陞著）

作者以《唐令拾遗》一书获得学士院奖，以《唐宋法律文书研究》获得学位，不断创造光辉业绩的他此次又为学术界送来了第三部力作《中国身份法史》。该著 16 开，正文 997 页，可谓皇皇巨著。

作者指出，身份指的是在维持家族生活过程中各人的社会地位，身份法虽然是与财产法相对的概念，但如果出现两者之间紧密关联难以分割的情况，就采用最广义的概念，比如家产制等本文中就无暇论及了。全书共分为八章，第一章总论可窥见全书大意，第二章论述血族团体中最大的单位宗族，第三章为其次的亲族，第四章是作为基础单位的家庭，第五章论述形成家庭骨干——夫妇的婚姻关系，第六章为纵向延续家庭的亲子关系，第七章为可以视为临时代替亲子的监护关系，第八章讨论在社会中处于不平等地位、隶属于个人家庭的部曲和奴婢等。

作者的学风仍是一如既往地无比坚实,无证不立,不猎新奇,以证据不足摒弃所谓的原始共产主义,也不赞同薛允升所倡导的唐代部曲到明代重新变为雇工的说法,这些我都深表赞同。资料搜集范围广阔,涉及小说、戏曲乃至插图之类,分类秩序井然,各就其位,出典必明。正文中说明不足则另加附注,甚至达到了可以不必检索原典的程度。这些虽是作者的一贯风格,但无疑是本书的一大优点。

通读之后给我的印象是,从宗族到亲子的血族性身份法,可谓滴水不漏,无懈可击。唯独对"五代的义子现象破坏了中国古来的贵族家族制度"这一说法,我还想听一听作者的意见。如果今后还有进一步研究的余地,那就如作者自己所说的那样,在最后一章的部曲、奴婢这方面。关于雇工虽以雇佣法为名另起了一章,但却没有深入探讨。佃户虽非贱民,但也不是雇工,这终究是一种社会性的身份,也许这些只是我一个外行人的想法。

顺带一提的是,书中常把《唐律疏议》和《宋刑统》一同引用,读者有些担心是否可以贸然断定宋代《宋刑统》的使用程度堪比唐代的《唐律疏议》。关于《宋刑统》,《建业以来朝野杂记》甲四《淳熙事类》云:"国初但有刑统,谓之律。"《朱子语类》卷一二八云:"刑统大字是历代相传,注字是世宗时修。""周世宗命窦仪注解过,名曰刑统,即律也。今世却不用律,只用敕令。"又云:"今世断狱只是敕,敕中无,方用律。"可见,《刑统》只不过是《唐律》的残骸。即使能从中找到贱民部曲,在宋代其实也都已经不存在了,唯独《宋史·卢多逊传》中还能看到他们的遗痕。奴婢的实质也已经发生了巨大的改变。出于婆心,我在此处附加了数语。

东方文化学院 1942 年 1 月发行

原载《东洋史研究》第七卷第二、三号,1942 年 7 月

中国法制史研究（全三卷）

（仁井田陞著）

作者仁井田陞作为中国法制史的学者，在世界范围内享有盛名。由于博士的研究在国内外都大受欢迎，因此外国人的著述也常常引用。作者在研究上精力充沛，不断有大作问世，而且任何一种都受到了学界的好评。最初问世的《唐令拾遗》，16 开，1 006 页，作者凭此获得了 1934 年度的学士院恩赐奖。随后他的学位论文《唐宋法律文书研究》同样为 16 开，857 页。1942 年又出版了《中国身份法史》，同样 16 开，997 页。

此外还有几本专著和无数的论文。作者从三年前开始集结以前发表过的论文，加上新稿，编集出版了《中国法制史研究》，可谓是集三十年研究之大成。《中国法制史研究》三大卷，如今，第三卷已经问世，出版工作告一段落。三卷均为 32 开，每一卷都有七八百页，出版速度可谓神速。

《中国法制史研究》第一卷是刑法编。作者认为，中国刑法体系的发达比欧洲要早得多,七世纪出现的唐代刑法,可以与十九世纪欧洲的刑法并论。由此处着眼,作者进一步研究了中国古代法制的进步性及其局限性。损毁犯人身体一部分的肉刑,在16世纪欧洲号称最先进的 Carolina 法中,仍以多种形式被保留了下来,而中国早在公元前就已经废黜了肉刑。但是,中国的法律归根结底只是主权者用于统治和管理人民的手段而已,宣称是基于天定的自然法,由主权者制定后颁布给人民。人民则无法直接参与立法,但无言的批判和现实的抵抗运动也迫使主权者自我反省,因此所谓的上天大法,也随着时间的推移而进步。

第一卷虽是基于原有的研究,但有很多部分是专为本书而重新撰写的,因此最成体系,展现出了一贯的统一性。与之相比,第二卷以下就更多地表现出论文集的特征来了。

第二卷包括土地法和交易法。在土地法的研究中,作者认为,中国土地所有权的发达——第一次是在九到十世纪左右,第二次是在十六七世纪——成为历史分期的关键点。这一见解值得我们注意。在交易法的研究中,作者运用了大量的古代文献,以旧著《唐宋法律文书研究》之后发现的资料作为补充,论述了买卖、典当、买回权等商业习惯的详情。我想这应该是作者研究领域中最为得意的一部分。

第三卷探讨奴隶农奴法和家族村落法。所谓"奴隶",在中国除了奴婢之外还包括部曲;农奴则指宋代以后普遍存在的佃户、佃耕人。家族法的部分着重处理家产的分配和婚姻法,村落法则以唐宋以来的村落为对象,论述其邻组制度和共同体性质。与其他部分相比,这一章略显逊色。

仅正文就有2 400页的皇皇巨著,足见作者的苦心孤诣。作者本身就是法学专业出身,精通法理学,同时又深谙中国学,其汉文的读解能力和素养,能使所谓的中国学研究者都黯然失色,真可谓如虎添翼。他的博闻强识,在当今世界上也无人能出其右,的确称得上是学界的一大奇观。因此,后世研究者若想超越这三卷本《中国法制史研究》,绝非易事。然而金无足赤,作者虽然是一位出色的法制史专家,但在需要作出总体性评价的时候却反被聪明所误。全书最大的问题正在于作者以异乎寻常的热情所强调的农奴法这一部分中。作为评论者的我,时常对这个问题也多有关注,为便于理解,请允许我追溯到大约二十年前来重新审视它。

1942年《中国身份法史》出版的时候,我很快就在《东洋史研究》上进行了介绍。《中国身份法史》文如其名,涵盖了中国从周末直到元明的几乎所有的时代,对亲族之间及社会上的身份展开了论述。但在社会身份的问题上,只选择了奴婢和部曲,佃户的名称只出现了两处,几乎没有提及。而且在应该用"佃户"的地方,基本上都将之翻译称了"小作人"。[①] 这是我最为不满的地方。我曾指出"佃户虽非贱民,但也不是雇工,这终究是一种社会

---

① "小作人",指佃耕地主土地的人。

性的身份"。但对方是久负盛名的法制史大家,因此我还是补充了一句"也许这些只是我一个外行的想法",战战兢兢地表达了自己的看法。之所以战战兢兢,是因为关于佃户相对于地主在法律上所处的劣势。我在那之前六年就在杂志《史林》上发表了《近世的奴婢与佃户》一文,文中指出了这一点,以为这一意见作者应当是早已知道的呢!

然而,在《中国身份法史》出版后二十年出版的《中国法制史研究》中,却仍将佃户归为农奴,还反过来批评我不认同将佃户视为农奴,这真是咄咄怪事。面对这样的怪事,我相当不安,我从一开始就认为佃户对地主具有若干的隶属性,正因为如此才被看作是一种社会性的身份。但在是否能就此将佃户等同农奴那样隶属性很强的非自由民问题上,我还是颇为踌躇。如果就是农奴,那么农奴法本身应当有关于解放农奴的规定,但事实上却没能找到。

虽然在中国的家族中,子女被强制要求像奴隶一般服从父辈,但他们并不是奴隶,而是地地道道的社会自由民。佃户对于地主,虽然在租借土地耕种期间,在法律上存在着若干的劣势,但对于地主以外的第三者仍是平等的。总之,这无非就是一种社会性的身份而已。

我曾说过,宋代以后的中国社会存在着一种资本主义,但那决不能和产业革命以后的近代混为一谈,这一点正是我要反复强调的。虽然万分重要,可惜本书的作者却没有试图去理解它。

追记：

《中国法制史研究》在昭和三十七年第三卷出版后告一段落，我受《朝日日刊》之托试写了书评。此后昭和三十九年三月，第四卷《法与习惯 法与道德》问世，正文786页。至此博士的这一套中国法制史研究系列正式完结，第二年被授予朝日奖。

在我看来，把唯物主义史观的时代三分原则原封不动地运用到中国历史的研究上必然会产生各种问题。同样背负着中国发展的刑法和农奴法，一个比欧洲先进了十个世纪以上，而另一个却晚出现了五个世纪，任何难以理解的说明不都是从这个地方产生的吗？

第一卷 713 页　东京大学出版会 1959 年版

第二卷 870 页　东京大学出版会 1960 年版

第三卷 845 页　东京大学出版会 1962 年版

原载《朝日日刊》第四卷第四十七号，1962 年 11 月

中国史的历史分期

（铃木俊　西嶋定生　编）

　　1955 年年末，我参加了以中国科学院长郭沫若为首的访日学术观察团的接待。其中以翦伯赞、尹达二位为中心在各地召开的历史学座谈会，让我记忆犹新。现在，将当时速记的翦伯赞的论文，加上日本方面关于历史分期的论文加以整理，编辑出版《中国史的历史分期》一书，是非常有意义的计划，在此首先向编者铃木俊和西嶋定生表示敬意。

　　本书的内容分为两部分。第一部分除在东京召开的两次座谈会的记录和翦伯赞的《关于中国史的历史分期问题》外，还收录了两篇论文。第二部分收录了包括西嶋定生《关于中国古代社会的结构性特征的问题》在内的几篇论文，书的最后再次收录了已故前田直典的《东亚古代的终结》一文。想来第二部分的内容可能是因为与访日学术视察团的会谈时间过短有关，因内容不足，以此来作为补充，同时也为了显示日本的学者（尤其是"历研派"?)的观点吧。

第一部分是以翦伯赞为中心的谈话以及翦伯赞中文论文的翻译,我们从中可以知道当今中国在历史分期上的中心问题是什么。首先让我们感到奇怪的是,西周时期是否是封建时代,被作为一个重要问题提了出来。当然,从唯物主义史观来看这是必然的态度,因为唯物主义史观无疑认为下层的构造决定了上层。与西洋 feudalism 最接近的中国政体显然就是封建。如果西周时期周公真的实行了封建制度,那就必然有使之形成的下层构造(如果否定周公的制度就另当别论)。比起日本学者设想了一个上层不封建的封建社会,我觉得还是这种说法更有道理。

但历史分期不仅是一个总体性问题,也是一个相对性的问题。中国历史必须放到世界历史中去,把它视作世界历史的一部分,并与其他各地域求得相对的均衡。不用说,唯物主义史观的"封建"是一个发展的概念。欧洲在四世纪进入了封建社会,而中国却早在公元前十二世纪就进入了封建社会,当中差了十几个世纪,中国在古代如此领先的原因又是什么?而且这样一来,此前的古代帝国就只能从贫弱的殷商去寻找了。再说,一进入封建时代,竟然就持续了三千年之久,这不就等于承认了中国社会的停滞性吗?翦伯赞不同意文化传播说,甚至否认彩陶来源于西方,主张中国具有其独立的发展阶段。我们对这样的态度深感畏惧。虽然我们由衷地庆贺反殖民运动的胜利,但也不愿看到自古以来就存在的中华思想的复活。尽管翦伯赞说他在访日之前与日本学界几无交流,但日本史学其实给了中国相当大的影响,只是表面上没有被引用罢了。阅读最近的中国学术期刊不难发现,正文中只引用马恩著作,脚注也都是引的原典,大有舍弃其他一切研究成果的架势。这只能是考据学的复辟,但愿我的担心只是杞人忧天。

第二部分西嶋定生、田中正俊、佐伯有一等人的论文大约是想为"历研派"打造决定版,因此我也来谈一点感想。首先注意到的是这几人的分工,这样的话题难道不应该由一个人作为代表来执笔吗?换言之,我有点怀疑这是不是在以画地图的态度来研究历史分期。画地图的时候,首先要确定三个固定的点,以此为中心在附近进行测量,当三个点连接到一起时地图就完成了。按照这样的做法,人越多所得的结果就越精确,但历史分期并不是一个精确度的问题,而是体系问题,并且也不存在着固定的三角点。它不仅是一个事实的问题,也是一个选择的问题、评价的问题,不仅需要证明,还必须热烈积极的主张。合作的人太多往往会冲淡这种主张。学者数量之多是为了相互启示,而非为了相互制造重影或马赛克。十人十色,并且能期待从中挑选出最佳的构想,这才是人数多的威力。从无数的事件中挑出什么来代表一个时代,对这一挑选的评价才是问题的所在。本书中翦伯赞说了一件好笑的事,他说四川的彝族至今仍存在奴隶制。但究竟是奴隶还是农奴则未可知,事物就在眼前却没法下判断,这不觉得奇怪吗?不过翦伯赞不会像日本学者那样一看到"奴"字或者"隶"字就断定为奴隶阶级,这种留有余地的态度,以及对文献的理解能力,果然是中国学者的优势。历史学的问题无论聚集了多少人、多少资料,只要一出现更有力的资料、更合理的想法,此前的结论就可能一夜之间被全部推翻。我们需要对此有思想准备。如果过于自信,就难保不会产生一种非情非理的科学性的历史观。

第二部分所讨论的历史分期问题中,唯一难以理解的还是"封建时代的上层结构不封建"这个问题。这里首先声明,"封建性的东西"再多也未必就是"封建制"。现在的青年人一百人中有一百人都认为自己的父亲是封建的,但不能说父亲的年代就是封建时代。这当然只是个玩笑,但"封建性"这一词汇本身就包含着不是"封建时代"的意思。封建性的东西再多都无法得出是"封建制",因此才用了"封建性"来代替。如果要说一个时代是封建时代,不仅要有封建性东西的存在,封建制本身也必须存在于某处。对所谓上层构造的漠不关心,不正是对其他文化现象的忽视吗?关于中国文化的变迁和社会机构发展之间的并行关系,我们尚未从该派获得十分满意的回答。

还有一个问题仍然是总体性与相对性均衡的问题。我觉得我们现在应当避免如前田直典那样,以落后的日本社会的发展作为尺度来衡量作为先进国家的中国的发展。这种做法,无疑是把日本的历史分期视为无需证明的事实,没有考虑到由此产生的发展阶段的混乱(我对日本史的看法,可参见拙著《亚洲史概说》和平安文库的《新制日本史》第二部《日本史与世界史的关联》）。思考中国历史分期最重要的就是，必须考虑到与先进的西亚地区以及可视为与之并行发展的欧洲之间的均衡。关于西亚所知甚少，姑且不论。如果将中国进入封建社会视为宋代，那就应该与欧洲的四五世纪相当。但是，宋代拥有着完备的官僚机构和领先于世界的工艺技术，这能与遭受日耳曼民族蹂躏后的罗马世界是同一个发展阶段吗！

这样看来，我的历史分期貌似非常随心所欲。其实并非如此。历史分期需要非常严格的客观性，这必须既是研究的结论，也是研究的出发点。判断历史分期是否正确的终极标准是，是否有助于将来的研究。所有的研究，无论是自然科学还是社会科学，都是使原本停留在可能性上的事物变成真正的可能，并且探索出新的可能性来。或者可以说就是要实现预想。步骤当然与自然科学研究一样，提出预想后就去实验，实验后又有了新的预想。历史分期必须对将来的研究有用才会有意义。在这一点上，我必须与"历研派"的诸位及中国学者分道扬镳。无论如何，我不会把按照指示来启发社会作为历史研究的目的，而是纯粹地依据客观事实来展开研究，我觉得这才是历史学能给社会做出的唯一贡献。

第二部分的论文中有时引用了我的意见，但很遗憾没有表达出我的真意，所以请允许我在此作一辩解。我主张的历史分期，是从马克思主义"古代"、"中世纪"、"近代"这三分法的不足之处出发的,因为三分法是以落后的欧洲地区为标准的,而对于历史更加悠久的地域,则必须加入一个 Z 项。名称叫什么都可以,比如可以分为"古代"、"中世纪"、"近世"、"最近世"四期。仔细观察欧洲历史,在所谓中世纪封建社会与近代资本主义社会之间其实存在着一个中间的阶段,那就是我所说的"近世"。越往西欧就越明了,东欧的落后地区则比较模糊。在产生马克思主义的德国以及共产革命最早成功的俄国,封建制和资本主义基本上是重合的,所以两者之间什么都没有。但在比欧洲更加先进的中国,这个时期的存在是显而易见的。无视这种关系,把欧洲的历史分期生搬硬套地运用到其他地域,必然会产生各种问题,就如同把小孩的衣服拿给大人穿一样。以唯物主义史观为名的观念论之所以屡屡碰壁,是因为它从根本上就是不合理的。

我当然不是唯物主义论者,却在用自己的方式在感悟着唯物主义史观。大凡一种制度、一种学说,在达成一定的目标后就必然会成为继续发展的障碍。我承认唯物主义史观发挥过巨大的作用,但当今世界的发展速度实在太快了,学问的发展也是一样。现在的一年相当于过去的几年、几十年。现在,既然明白了马克思的革命理论也必须随着时代的变化不断发展,人类社会发展阶段公式的修正不也是时代的需要吗?唯物主义史观是 20 世纪以来的东西,而历史学历经了数十个世纪发展至今,我希望大家明白,历史学比唯物主义史观要重要得多。

虽然受托介绍,却批评多于介绍,批评中又忙于陈述自己的反对意见。但我很少为《历史学研究》执笔供稿,所以我绝不认为我的一家之言会对诸位读者毫无裨益。

32 开 380 页 东京大学出版会 1957 年 5 月版

原载《历史学研究》第二一四号,1957 年 12 月

宋诗概说

（吉川幸次郎著）

当我还是学生的时候，"支那学会"是京都大学东洋学研究的阵地，但后来逐渐萎靡不振，最近已陷入了关门歇业的状态。作为负责人之一，我也感到非常难过，但这也是有其原因的。学问的细分化和专业化倾向，在人文科学和自然科学领域都很显著，可以说是一种普遍的趋势。所谓的"支那学"，后来分化成了历史、文学和哲学等几个不同学科，分化后的各学科理应比分化之前更加活跃才是，而不是像今天这样的彼此绝缘。正是因为分化了，才有必要比以前更加紧密地联系在一起，因为，分化是为了深化，而不是为了不再去涉足相近的学科领域。说得更极端一点，不能对相近学科发挥作用的研究，根本就称不上是研究。

吉川幸次郎博士的《宋诗概说》，是我最近抱着最大的期待拜读的著作之一。原因之一是，我大学毕业论文写的就是与宋代有关的题目，而且在此后的研究生涯中，费时最多的也是宋史。更重要的是,我其实基本上没有读过宋代的诗歌和文章,虽然还能说出几个文人的名字,但只要他们不是政治家,我就几乎不知道他们在文学史上应有的地位了,所以我希望能够通过这本书,补上这一方面的不足。对于这一愿望,我相信只要我努力了就能很快实现。对于吉川博士书中所言"宋人的诗歌中同样蕴藏着社会经济史研究的绝佳史料"一说,虽然很早以前我就已经模糊地意识到了,但却一直未能着手去深入挖掘,以致延宕至今,想来深感惭愧。

此外,还有一个更重要的问题。吉川博士的研究向来视野开阔,目光高远,因此我在想,我自己最近考虑的问题,吉川博士是否也已经关注到了呢?这时,一定会有人问什么问题,并且还很有可能带着揶揄的口气嘲笑,难道又是内藤史学的历史分期问题?但是,我对历史分期问题的认识也不会停留在某一个层次而徘徊不前。最近,不单是历史分期问题,我觉得中国经济史的研究,在方法论上似乎也有必要采取有别于以往的角度来加以重新审视。虽然我还没有做好正式撰文发表的准备,但大体的构想已经有了。我的着眼点是,中国历史从上古开始就存在着与现代社会相似的景气变动,一个时代景气与否,影响着当时社会的方方面面,从这个角度来观察历史,经济也好,文化也好,其实都能同时纳入考察的视野。

我自己虽然也是研究社会经济史的一员,但最近产生了一个疑问,这就是一直以来所做的经济史研究,真的能算是经济史吗?

虽然我们使用了"经济"这个词语，但是，这个词语并不是经济史的专利产品。既然我们研究的是经济史，那么，我们就不得不去研究当时的人们切身感受到的经济现象。所谓人们都能感受到的经济现象，简单地说就是今年的日子是否比去年更好过，明年是否会比今年过得更好。把时间放得更长一些来看就是，儿子辈孙子辈是否觉得自己比父辈祖辈的日子过得更好。人们感受到的经济现象，其实就是这样一个相对的问题。如果不能与当时的人们感同身受，就称不上是有人情味的历史。用一句话就能够表述出经济现象变动的词汇，就是"景气"二字。基于我目前掌握的资料和认识水平，对如何叙述中国历史上的几次景气变动，其实已经做好了准备，那么，我的这些想法，在《宋诗概论》中又有什么样的反映呢？这对我来说，就像马上就要读到推理小说的高潮一样，毛骨悚然。

首先，我想描绘的景气曲线是，从上古到西汉，大体上都是上升的，虽然极为缓慢，但人们的生活在朝着好的方向发展，货币经济也逐渐兴盛起来。更具体地说就是，人们获得货币的可能性越来越大。这不单是局限于统治阶层而言，人民的地位也随之逐步提升。不用说，当时人民的生活依然充满困苦，所谓提升，只是与之前相较而言。

这在吉川博士的《宋诗概说》中又是如何反映的呢？

所谓古代的乐观，就是人们比起命运来更多地论及使命，　101

儒家的经典就是如此。纵观《诗经》三百篇，悲哀的诗的数量要高于欢乐的诗，但是《诗经》时代人们的善意能够创造个人与社会的幸福，这至少不失人类本应有的乐观。

我们不能要求《宋诗概说》对上古有更详细的论述，但从这一小段文字中就可以知道，作者的看法和我是一致的。

但从东汉开始，中国社会一下就陷入了不景气之中。从个人的角度来说就是，货币的获得变得困难了。钱一旦离手，就得花好几倍的力气才能把它挣回来。所以，每个人都尽可能不花钱，于是就形成了以自给自足为前提的庄园制度。这一严重的不景气之风虽一度有所好转，但一直持续到了唐末五代。在经济萧条的影响下，不仅统治阶层萎靡不振，一般人民的地位也逐渐降低，沦为了豪族的附庸，身份如同农奴。对此，《宋诗概说》又是怎么说的呢？

汉末六朝的诗，充满了人类的悲哀与绝望。绝望首先产生于人类的渺小，命运的支配超出了人类的努力。同时，人的一生就是走到死的短暂颓废的过程，这种对命运的看法又加深了绝望与悲哀。虽不能说这一时期的文学和思想都是朝着这个方向的，但至少在诗的种类上，以上的人生观是其底色，绝望胜过希望，不幸多于幸福，悲哀压倒欢喜。惰性却又顽固，渐渐成了习惯。这样的习惯直到唐朝都没有彻底改变。

　　唐诗中也不乏悲哀，即使是立志要从悲哀中解脱的杜甫也是"一生愁"。直到唐末，也就是晚唐的小诗人们，他们所钟爱吟唱的，与其说是悲哀，不如说是绝望了。杜牧是晚唐诗人中的代表之一。……人类的历史就是这样绝望的连续。

虽说这也许受到了佛教无常观的影响，但我觉得两者的共同点是经济萧条所带来的重压。

　　不过，中国社会进入宋代后就再度迎来了好景气。宋代的产业通过煤炭的运用得以控制火力，铜铁的冶炼变得容易。铜被制成货币，繁荣了商业，铁则被制造成了价廉的工具，在其他各个生产部门发挥着作用。丝绸、茶叶，时而还有瓷器，中国的商品将中国的对外贸易引向了利好。好景气提高了劳动的价值，庶民的地位再次上升，内忧外患也比以前少得多，中国出现了历史上少有的稳定时期。这在文学上也必然有所反映，《宋诗概说》说：

　　纵观宋人的诗，第一感觉就是悲哀的诗变少了，即使是悲哀的诗歌也总是透着一丝希望，而不是绝望。宋人清楚地感觉到，悲哀不是人生的全部。从哲学上来说，这叫做信念。

　　宋代哲学家的命题之一就是要恢复古代的乐观。

　　这在文学史，乃至思想史上都是一个巨大的转变。

作为新的人生观，用多样的视角去扬弃悲哀。不让人生充满悲哀的态度，开始成为了这个时代的底色。这可谓是从过去人生和诗篇都充满悲哀的惯性中解脱了出来。唐诗继承了汉六朝以来诗中充满悲哀的传统，把人生看作通向死亡的匆忙而颓废的过程，宋诗则不同。人生是漫长的延续，对于漫长的人生有各种全面的考虑。眼睛在产生诗篇的时候不会被钉死，也不会只盯着对象的顶点，而是广泛地环顾周围，因而变得很平静，或者说很冷静。

那么，这种多角度的看法具体来说到底是怎样的角度呢？作者认为，其中之一就是哲学性的思考。

宋诗的性质也能从其他方向来捕捉。诗人抱着各种各样的哲学，试图用诗来表述它们。……人类在现实面前，从来就是预定的棋子吗？抑或是既然拥有了更宽广的视野，就理所当然应该去更深刻地思考人类到底是什么，应该怎样生活。

其后作者认为就是对柴米油盐充满爱意的观察。作者说：

也就是对日常生活的观察。被以前的诗人所忽视的日常生活的细节，或者是难以被忽视的日常生活，由于离得太近而没有成为诗的素材的事物,这一切都在宋人的笔下成为了诗句。因此宋人的诗比起前人更加贴近生活。

这里作者举了一个很有趣的例子,那就是唐诗中酒多,而宋诗中茶多的现象:

> 再次与唐诗作对比,有一个引人注目之处就是唐诗中多酒,宋诗中多茶。酒能使人兴奋,但不能终日饮用。茶不如酒一般容易兴奋,却能给人带来安静的喜悦,这并非只是一个比喻。品茶的诗到苏轼、陆游时开始兴盛,唐诗中则所见甚少。宋人不可能不喝酒,但饮茶的量要比唐人多得多。

历史性地来看,唐代以前的社会的确还没有充分合理化,所以时常会出现不合理的事件,公私生活也随之处在不平衡的状态。唐人过分的嗜酒正是欲求不足的表现。唐代以前即使是贵族的生活,表面看似豪奢,其实内容相当的贫乏而简陋。粗茶淡饭,器物粗劣,衣服也一定很邋遢。而且由于政情和经济界的不稳定,根本不知道这种贫困的生活何时才是个头。在这样的情况下,就唯有借酒浇愁了。酒绝非好酒,只是能使人醉而已。

宋代以后,由于生产力的发展和出口的出超,终于进入了景气的时代。与外敌之间能用金钱来争取到和平,官吏很少被杀,家人也鲜有沦为奴婢的,生活变得富裕且和谐。饭菜和酒比以前美味得多,也促使人们产生了节制的念头。想攒点小钱也不必死藏着,借给商人可以获得利息;经营房屋租赁业或相应金额的土地投资也成为了可能。不仅是有钱人,贫穷的人也会相应地散财来获得饮食与娱乐。制成的瓷器没有上下层之分,都可以用来盛放美食。由此想来,在那以前唐代的人都是用金属器皿、木杯或与陶器相似的三彩来饮酒的。正如作者所说:

> 宋人的生活,与此前中国人的生活截然不同,是划时代的,接近于我们现代的生活。

只有生活在这样的社会环境下,诗人才能从日常的生活中发现喜悦。

这里值得注意的是,作者把宋代诗人常常被放入政治视野中的这种现象称为"连带感"。理由是:

> 多数的诗人出自市民,他们一定非常了解一般民众的生活。

的确,作为宋代统治阶层的官僚,与普通民众的距离较前代已经缩小了很多,不是名门望族出身的人也同样可能成为宰相登上朝堂。关于这一点,最近的历史学家倾向于把官僚作为封建性的统治阶级，多数的劳动者定位为农奴，这种观点需要更正。至于是否能够达到"同样作为社会的成员，在生活上分享责任"这样的程度，我还是存疑的。在我看来，诗人之所以能够在政治上感到自己的责任，毋宁说还是他作为官僚的自觉吧？也就是可以看作本该"致君尧舜"而不得的官僚的自责性话语。换言之，君臣一体，天子官僚应当休戚与共的信念，才是最先在他们心中响起的声音。苏东坡等人也是如此，不过宋代的官僚特别主张官僚的特权，常常会若无其事地做一些扰民的举动，有人说他们自私自利。宋代以后的官僚，是通过科举与天子紧密结合的，形成了以通过天子保百姓安宁为己任的风气。但在其思想的深处，人生而平等，万民均有依据贫富过上幸福的社会生活这样的权利，这也许只是原则，但作为原则也是被认可的，这一点无法否认。

回到我景气史观的立场上来，宋代以后的景气曲线虽然总体上回升，但也不是直线上升的。就算前代的景气变动图，也绝不是单纯的上下。总体之中还包含着短暂周期的上下曲线，所以表现得不是很明显。宋朝结束后，这条短期的变动线就变得明显起来，这个周期大体与一个王朝的兴衰平行。

北宋时期的好景气在进入南宋后马上就走了下坡路，萧条很快来到，原因是朝廷因财政亏空而被迫滥发纸币，结果加速了货币的深藏或流向国外。这样的情况在文学上又有何反映呢？作者说到：

以上论述的宋诗的各种性质,与此前唐诗的性质是截然不同的。而宋朝本身,在其末年也发生了类似的情况。

且不说北宋末年的过渡期中一度追述晚唐诗的哀愁,南宋末年,晚唐诗的乡愁也再度袭来。

他(陆游)的诗,与此前的宋诗,特别是北宋的诗相比,感觉很不一样。已经不再抗拒哀愁,明显地表达出了感伤,甚至可以说在他数不胜数的诗篇中,感伤才是其最重要的底色。……北宋诗中有时会表达出来的过度的冷静与对此的排斥,在他的诗中也有。排斥作为诗坛整体的问题,从南宋初年起就在前辈之间产生了。前一章所说的对唐诗的怀念,可能正是因此而产生的。

当然,作者已经反复声明,在经历过北宋以后的南宋,人们的人生观绝不会和唐人完全一致,只不过我在这里只引用了对我有利的部分而已。事实证明,我的景气史观也能够很好地反映在文化之上。

如前所述,宋朝以后中国的景气大致可以以一个王朝的存续时间作为周期画出一条曲线。我特别想知道这在多大程度上能够反映到文化中去,作者说:

元以后一直到清朝,诗的历史,都在祖述唐诗或宋诗,并将之视为模范,作为课题进行发展。

平均来说,祖述到唐诗的时候是最多的。

仅此两句,详细的内容则不得而知了。从我的立场来看,随着时代的演进,文人的生活与当时的景气关系越来越紧密,因为文人的工作或者作为更重要的收入来源的润笔费的多寡,肯定都会受到景气好坏的左右。所以我认为,作为王朝兴盛的好景气时代首推宋朝。只是宋代的初期和末期都遗存着唐风,恐怕事情还不是那么简单,因此我对作者的下一部书《元明清诗概说》抱着更大的期待。不过作者又说:

如果要说哪个时期排他性地祖述到了宋诗,那也许就得等到上世纪后半叶的清朝末年了。

这样的结论足以让人心满意足了。因为清朝末年的景气有着严重的地域差:中国内地虽然曾经异常繁荣,但此时不仅文化落后,经济上也处于荒废状态;相反,大都市,通商口岸,特别是外国租界中的景气好到了令人发指的地步。这么说也许会招来斥责,当时的知识阶层一面排斥外国的入侵,一面却对欧洲的物质文明有着无限的依赖。如果说宋代的文化是文艺复兴,清末的文化就是产业革命——即使是借来的也无妨。必然的结果就是,宋诗比唐诗更受到了推崇。

以前,苏东坡曾给司马温公写行状。洋洋一万字的长文,却有一半是对王安石的非难,被认为是前所未有的文体。而我在介绍《宋诗概说》时,也有一半以上是在陈述自己的观点,也许也会被人指责这根本不符合书评的文体。但我这么做还是有原因的。第一,我所设计的观测气球才刚刚充气起飞,为了说明它的构造,我已经不能削减更多的文字了。第二,我相信作者在历史上的意见大致都与我相同,所以在陈述自己观点的同时,也就详细介绍了作者的意见。最后,各学科之间互换意见是学术进步的必备条件。无论其外观如何,"支那学会"的精神绝不会从我们心中消失,我想借此机会来表明这份决心。

"中国诗人选集"二集之一　248 页　岩波书店 1962 年 10 月

原载《东洋史研究》第二十二卷第一号,1963 年 7 月

跋

　　直到前年岁末,我做梦都没想到自己的书会以这样一种形式,而且这么快就出版了。虽说我是研究历史的,但对自己的事情却不太情愿去回顾,顶多就是为了回忆昔日旅途的愉快,把各地买来的明信片拿出来翻翻,借此怀念往事而已,但总的来说还是让人觉得惭愧的回忆比较多。不过,也没有到要写忏悔录那么滑稽的话题,我觉得把一切交给时间,让自然的风化作用去淘汰才是最好的。

　　对过去的论著也一样。写的时候总是斗志昂扬,有一种从事创作的快感,但一旦排成了铅字,校稿的时候兴趣就淡薄了许多,等到出版以后送到自己的面前时,仿佛就像做错了事一样,连重读一遍的心情都没有了。年轻时可不是这样的,我常常会反复阅读,改正行文和逻辑上的不妥之处,最近可不是这样了,也许真的是精力衰竭了的缘故。同样,对于再次整理自己的论著这样的事,我也已经没有什么兴趣了。

这当然是在给自己找借口。自从意识到自己已经步入老年以来,我就不得不做好总有一天将难提笔的思想准备。现在,如果一年只写一两篇研究短文,想写的时候还是能写的。趁着自己还能写的时候,写出新东西来才是第一位的,至于整理过去的业绩,等到自己无法再从事新的工作之后来做也不迟。只要活着就总是能做的,而且也许只有到了那个时候,自己才会有机会来慢慢重读自己写过的东西。与其停在原地,不如往前走,这样的想法是相当积极的。

但是,我更愿意写新东西的想法却遇到了意想不到的障碍,这就是撰述时需要的参考书往往不知道放到哪儿去了,怎么也找不到。我退休的时候,原本放在大学研究室里的藏书全都搬回了自己的家里,于是本来就狭小的家里堆满了书。帮忙搬家的毕业生对我说:"老师,最好还是把书卖了吧。"我知道这是个好主意,但始终下不了决心,这也是有原因的。

每次看到书库书架上整齐的书脊,我都会想起《汉书》中汉高祖和韩信的对话。高祖以将军韩信涉嫌谋反将其逮捕,问道:"如我,能将几何?"答曰:"陛下不过能将十万。"又问:"如公何如?"身为阶下囚的韩信昂首答道:"如臣,多多益办耳。"这是他在夸耀自己的本职。学徒用书,有如大将行军。那么,我自己能用多少本书呢?虽然没有什么依据,大约两万本吧,毕竟还是不好意思说"多多益办"。如今自己的藏书虽然没有清点,但似乎已经快到极限了，而且不加整理就找不出自己想要的书来。当然头脑清醒的时候，书杂乱一点还不成问题，可最近老是忘记把书放在什么地方。无奈之下只好去大学图书馆求助，可有时我认为理所当然该有的书却没有，那些多半都是非正统学派的书籍。失望之余常常只好回家重新翻找，所以我始终没有把书卖掉。

我在巴黎的时候，曾在一个名为亚美尼亚博物馆的小地方拜访过担任馆长的著名东洋学者赛代斯（George Coedès）博士。虽说是博物馆，但陈列只是徒有其名，除馆长外只有事务长兼助手一个馆员，没有任何事务，其实就是政府为老学者在研究场所上提供的优待。当时我想，日本要是也有这样的制度就好了。现在看来，即使日本有这样的制度，应该也轮不到我。再想想，如果真的运气不好捡到了这样的便宜，那恐怕就得为研究而殚精竭虑，那自己的身体可是撑不住的。所以，一切都被巧妙地注定好了，上天的安排真是妙不可言。

仿佛洞察了这一切似的，朝日报社出版局的山田新之辅先生恰好此时邀请我出版一部这样的论文集，这比我预想的早来了几乎十年。碰巧京都大学人文科学研究所的砺波护愿意帮我的忙，真是一个难得的机会，马上就下定了决心。以前我发表的论文中总有很多错字或误排，幸亏他都一一帮我校正了过来，有时甚至还超出了校正范围，连考证都帮我订正了。自己只是把照片的原版找出来而已，但真正做了之后才感觉到，趁着现在腿脚还算灵便的时候完成真是太好了。

从去年夏天开始准备,进入编集阶段后,工作进展得非常顺利,今年短短五个月内,三大本书就面世了。速度之快,远在我的想象之外,仿佛是生了第五个孩子一般地惊喜。这里,再一次向充当接生婆的山田、砺波两位表示由衷的谢意!

宫崎市定

1976 年 5 月

《宫崎市定亚洲史论考》序

京都大学名誉教授　砺波护

本书的原著,是 20 世纪日本最具代表性的东洋史研究者、京都大学名誉教授宫崎市定(1901—1995)1976 年春由朝日新闻社出版的《宫崎市定亚洲史论考》。全书共分三卷,上卷为《概论编》,中卷为《古代·中世编》,下卷为《近世编》。我参与了这部书的编集和校对工作。看到该书上卷《前言》第一句话"这一本冠以我姓名的《亚洲史论考》"时,读者或许会觉得有些诧异。其实,当时朝日新闻社出版局的山田新之助最早的提案是编集出版《宫崎市定全集》,但宫崎觉得自己今后的研究活动还能持续相当长的一段时间,《全集》的出版至少应该是 10 年以后的事;如果愿意的话,希望能将已经绝版了的单行本和之前所编《论文集》中尚未收录的学术论文进行选编集结。这是因为宫崎自 1965 年春天从京都大学退休后,没有再谋求其他岗位,一直在自己家中专念于著述,陆续出版了一批学术研究著作、概说性著作和随笔集。于是就有了冠以"宫崎"之名的《宫崎市定亚洲史论考》一书的出版发行。但不知从什么时候开始,"宫崎"之名被省略,《亚洲史论考》成了该书的通用名。该书出版后15年,即1991年秋天,在即将迎来宫崎90岁寿辰之际,岩波书店开始刊行25卷本的《宫崎市定全集》,期盼已久的学林为之振奋。

东洋史研究会第一代会长羽田亨(1882—1955)逝世后,宫崎成为第二代会长。在继续编辑发行学术季刊《东洋史研究》外,宫崎还积极组织编辑出版"东洋史研究丛刊"系列丛书,丛书的第一种就是宫崎本人的《九品官人法研究——科举前史》。次年,宫崎开始集结出版四卷本的《亚洲史研究》,第一卷首先收录了他1940年之前发表的早期论文。宫崎集结自己单行本未收的学术论文,将论文集命名为《亚洲史研究》,可见从这个时候开始,就意识鲜明地与传统的东洋史学之间保持了一定的距离。在《亚洲史研究》第一卷《绪言》的最后,宫崎这样写道:

> 本书名为《亚洲史研究》,但对现时的我而言,仍是一个力难所及的题目,因为要把自己的研究范围扩展到亚洲的所有地区,还有待于遥远的将来。但是,按我长期以来的主张,"亚洲史"这个名称,实际上是一个不够完整的标题。历史必须是世界史。事实上,我的研究一直都是在世界史的框架下展开的,从来没有脱离过世界史的发展体系来孤立地考察个别史

实。从这个意义上说，不管研究对象是什么，我都希望将之视为世界史研究。因此，《亚洲史研究》这个书名，对我来说，既是夸大之词，同时也是谦逊之词，这一点希望读者赐予谅察。

这是宫崎的真实想法。1959 年刊行的《亚洲史研究》第二卷收录了其 1944 年之前发表的学术论文，1963 年刊行的《亚洲史研究》第三卷收录了其 1950 年之前发表的学术论文，1964 年刊行的《亚洲史研究》第四卷收录了其 1955 年之前发表的学术论文。从而，十余年后出版发行的《亚洲史论考》上卷《概论编》收录了其已经绝版的单行本六种，而中、下卷则按时代先后集结了《亚洲史研究》四卷本中未收录的 1956 年以后陆续发表的学术论文，中卷收录的是与古代史和中世纪史相关的论考，下卷收录的是与近世史相关的论考。

原著刊行之际，曾经的同僚、中国文学研究硕学吉川幸次郎写下了这样的推介词：

宫崎市定博士是一位基于良心和自信之上充满视野和气魄的历史学家。初入学林便涉猎广博，"起家"之学为宋史研究。与宋代相关的杂笔、援引，多如散沙，然未经博士之眼者鲜。绝不为引用而引用，所有史料都在为构筑立体的框架而作用。中世纪史研究的重要业绩《九品官人法研究》，通过对

117

数百人物补任的探讨,解开了贵族政治的秘密。人性中恶的一面,有时会留下阴影,因此,历史学家的良心,就是不停留在文献的表面。涉猎广博,就是不踞蹐于东洋史的专业范畴。正因为如此,博士独具慧眼,指出欧洲、中国、波斯·伊斯兰这三个世界分别存在着共通的文艺复兴现象。高论激起的波浪,开启了后来者的思路。博士自言:"能够判断研究真正价值的,唯有后来者。"我倒是觉得,博士真正的志向,不仅在于同行后学,也不仅在于像我这样专业相近的非历史学家,而在于向所有的人叙述历史,提出问题供人们思考。博士的文章,就像法国推理小说那样,流利畅达。

吉川为写这段推介词,熟读了《亚洲史研究》四卷本的全文,用短短的文字,非常完美地介绍本书的内容和成就。

作为小学老师的次子,宫崎 1901 年 8 月 20 日出生在长野县东北部的今饭山市静间,并在这里的秋津小学读完了小学。当时的饭山还不通火车,学校组织了两天一晚的修学旅行,师生们不得不步行走到丰野车站,在这里,宫崎平生第一次坐上了火车。在饭山中学读初三时,有一周的修学旅行,宫崎第一次来到了京都,参观了京都后又经奈良、大阪回到长野,据说这一次修学旅行给他留下了深刻的印象,京阪地区的所见所闻,令他惊喜不已,并成为憧憬的目标。1919 年 3 月饭山中学毕业后,9 月,进入了刚刚设立的松本高中,成为该校的第一届学生。松本高中,今天我们都习惯将之归为旧制高中,但与东京的第一高中和京都的第三高中相比,其实当时是被视为新制高中的。初中和高中阶段,宫崎着迷的是和歌的创作。因崇拜岛崎藤村,因此为自己起了个"宫崎藤仙"的笔名,与同学数人一起刻钢板印刷同人杂志。中学、高中阶段频繁的诗作活动,使得宫崎后来成了达意的文章家,即使是内容深厚的学术论文,宫崎也能把它写得畅达易懂,一般人都能读出其中的真味来。新设的松本高中不设法语课,放学后宫崎便与三四好友同往当地的天主教堂学习法语,这对今后宫崎的东洋史研究起到了重大的作用。

1922 年,宫崎从松本高中毕业,考入了京都帝国大学文学部史学科。在其高中毕业前夕的笔记本中,留下了"去京都后的计划"。在这长达 20 页的笔记中,宫崎写下了与历史学和哲学有关的感想,其中就有"塞外民族与中国"一项,显示了一个即将进入大学的高中生的抱负。可以看出,对文化悠久的汉族与朴素的北方游牧民族之间的关系,宫崎很早就抱有兴趣,本科毕业论文即围绕北方民族与中国社会的交往这个主题,对南宋灭亡前后的历史展开了考察。1940 年 4 月,宫崎出版了自己最早的单行本《东洋朴素主义的民族与文明主义的社会》,这部通史体著作,是其 15 年前撰写毕业论文以来对这个问题展开思考的一个总结。

《亚洲史论考》上卷《概论编》中,收录了与中国史有关的《东洋朴素主义的民族与文明主义的社会》(1940 年刊)、《东洋的近世》

（1950 年刊）、讲演录《中国古代史概论》（1955 年刊）和短篇《六朝隋唐的社会》（《历史教育》12—5，1964 年）等四篇。其撰写意图，宫崎在该卷的《前言》中已经说得很清楚，这里不再重复。接下来的《菩萨蛮记》（1944 年刊），是其 1937 年 9 月开始游历西亚时的行纪，其中的第二部分《西亚史的展望》，则是日本学界对西亚历史作出的最早的概论。卷末的《日出之国与日没之处》（1943 年刊），是有关日中关系史的随笔集。第一篇《留唐外史》，是关于与圆仁同时入唐但名声颇恶的圆载的最早的评传。受这篇论文的影响，半个世纪以后，日本史学家佐伯有清所撰《命运多舛的遣唐僧——圆载奇特的一生》（吉川弘文馆，1990 年刊）得以面世。

中卷《古代·中世编》，收录了以中国唐代以前历史为中心撰述的论文 21 篇。从卷首《中国聚落形态的变迁》以下 6 篇，围绕"都市国家"的问题，对中国聚落形态的变迁展开了论述。在极富独创性的各篇之中，我尤其佩服的是，宫崎在全球第一次提出中国上古时期同样存在着希腊那样的都市国家（亦称"城邦国家"——译者），并对之展开了实证。也就是说，中国古代社会的发展，走过了与西洋非常相似的轨迹。接下来在与经济、财政、官制、历史思想相关的诸篇之后，收录了对史书的代表作《史记》的考察。在《肢体动作与文学》中，选择在叙事文学上与《史记》堪称"双璧"的《水浒传》进行对读，看出了两者在绝妙文笔之后存在的共同点，亦即《史记》和《水浒传》这两种杰作，并非全是作者自己的创作，而是吸取了许多当时社会上说唱、戏剧等表演中既已存在的台词和动作。

　　收录在下卷《近世编》中的各篇,按中国历史发展阶段而言,是对宋朝以后的相关研究。该卷不限于学术论文,还收录了《雍正皇帝》和《东洋史上的日本》这两种单行本,卷末还附上了由18篇杂录、余白录和书评构成的《杂纂》。从卷首《宋代的煤和铁》开始的前8篇读来当然回味无穷,而从《雍正皇帝》开始的有关清代雍正年间历史的研究,曾给学术界带来了莫大的影响,这是想特别强调的一点。

　　退休前后的宫崎差不多有两年的时间生活在欧美,在这期间,他越来越感受到中国社会自古以来就存在着与当今世界相似的景气变动周期,而这个变动周期对社会的各个领域都产生了影响,并认识到从景气变动周期这个角度来看待历史时,经济也好,文化也好,必须同时纳入这一观察视野。主张在中国经济史研究中,不仅要重视历史分期的问题,还应该从景气变动周期这个角度来对之进行考察。在1963年的研究生课程中,就专门开设了"中国历史上的景气变动周期"一课。立于景气变动周期这一观点上最早撰写的文字,就是对吉川幸次郎所著《宋诗概说》做出的书评,也就是下卷《杂纂》中的最后一篇。而基于景气史观所撰写的第一篇概说性的论文,就是次年发表于《历史教育》上的《六朝隋唐的社会》,这次收进了《亚洲史论考》上卷。退休以后才树立起来的景气史观,宫崎终生没有改变。在1993年刊行的《宫崎市定全集》第一卷《自跋》中,宫崎依然就景气史观的本质谆谆而论,并将之提升到了世界史体系的高度。

　　撰写这篇序文时正值2015年3月,东京到长野的北陆新干线从长野市延伸到了金泽,并在宫崎的故乡饭山设立了车站。今后,这一带的都市化进程也许会日新月异。

译后记

　　宫崎市定（1901—1995）是 20 世纪日本最著名的历史学家，其研究领域之广，是同时代学者无可企及的。关于其生平及研究历程的中文介绍，可见韩昇教授在《九品官人法研究》中译本前言《宫崎市定和〈九品官人法研究〉》（中华书局，2008 年）；同时，韩昇教授贤伉俪还编译了《宫崎市定著作年表》，附于《九品官人法研究》中译本之后，为我们全面了解宫崎市定的史学成就提供了完整的信息。

　　宫崎市定一生著作等身，《宫崎市定全集》（岩波书店，1991—1994 年）共计 25 卷，按专题收录了他一生的大部分著作。宫崎市定的著作被译成中文其实很早，商务印书馆在 20 世纪 60 年代前期，陆续出版了刘永新、韩润棠译《东洋朴素主义的民族和文明主义的社会》（1962 年）、中国科学院历史研究所翻译组编译《宫崎市定论文选集》上卷（1963 年）和《宫崎市定论文选集》下卷（1965

年），前者是宫崎市定 1940 年出版的一个单行本，后者是翻译组选译的宫崎市定论文及书序，两卷共计 26 篇。但以上两种译著均为"内部读物"，且当时对宫崎市定的定位是"反动透顶的'东洋史学家'"，翻译其著作的目的也在于"剥开他的'画皮'"（《宫崎市定论文选集》上卷《前言》），因此，两种译著的出版，对中国的学术研究似乎未产生任何影响。可以想见，在 20 世纪 50 年代末 60 年代初那种极度贫困的年代，历史研究的核心部门组织人力翻译宫崎市定的论著，供研究人员参考，其目的绝不是为了剥开这位反动透顶的学者的"画皮"那么简单。

20 世纪 80 年代以后，中国的学术研究逐渐步入正轨，借鉴和利用国外研究成果的风气也日盛一日。刘俊文教授组织翻译了 10 卷本《日本学者研究中国史论著选译》（中华书局，1992 年），其中收录了宫崎市定的代表性论文 8 篇。此后的译著则是韩昇、刘建英所译的单行本《九品官人法研究》。

本次翻译的《宫崎市定亚洲史论考》三卷，1976 年由朝日新闻社出版。关于《亚洲史论考》原著的编辑出版，宫崎市定本人在各卷的《前言》和下卷最后的《跋》中已经写得比较清楚。恩师、京都大学名誉教授砺波护先生是当初促成《论考》出版发行的"接生婆"（《亚洲史论考》下卷《跋》）之一，特地为这次《亚洲史论考》中译本的出版撰写了序言，对该著的编集经过及学术成就作出了详细说明，此处不再赘言。

　　收入《亚洲史论考》的小型单行本和论文共计 46 篇，其中《宫崎市定论文选集》和《日本学者研究中国史论著选译》各卷已经译出的篇目有 11 篇(种),加上刘永新、韩润棠译《东洋朴素主义的民族和文明主义的社会》,共计 12 篇(种)。考虑到时代和语境的变迁,并力求译文的准确性,既有的 12 篇中译本,在本次翻译没有就此录入,而是重新进行了翻译。

为了便于读者阅读,在翻译过程中,我们对国内学者相对陌生的历史事件、专有名词以及"满洲"、"东洋"等可能会引起误解的词语,尽可能在相关页下附上译者注,原著的注释则按原著的形式附于篇末。

本书的翻译工作主要由张学锋(京都大学文学博士、南京大学历史系教授)和马云超(南京大学历史学硕士、南京大学思想家研究中心研究人员)承担。此外,焦堃(京都大学文学博士、武汉大学历史学院讲师)承担了《菩萨蛮记》、《十字军对东方的影响》的初译工作。石洋(京都大学文学博士、中国政法大学法律古籍整理研究所讲师)承担了《战国时期的都市》、《汉代的里制与唐代的坊制》、《〈史记·货殖列传〉所见物价考证》的初译工作。尤东进(早稻田大学文学博士、杭州师范大学历史系讲师)承担了《中国古代的天、命与天命思想》、《中国的历史思想》、《中国河川的历史考察》的初译工作。童岭(南京大学文学博士、南京大学文学院副教授)承担了《从元朝统治下的蒙古职官看蒙汉关系》、《妙心寺麟祥院藏混一历代国都疆理地图》的初译工作。杨洪俊(南京大学历史系博士研究生、南京工业大学日语系副教授)承担了《六朝时期江南的贵族》的初译工作。张紫毫(南京大学金陵学院日语系学生)承担了《中国火葬考》的初译工作。最后由张学锋负责对全书译稿进行校译、统稿,书中照片、图表由张学锋扫描、编辑,地图由陈刚(南京大学理学博士、南京大学地科院副教授)绘制。

在译著过程中,数年来在读的硕士研究生刘丹、黄筱雯、黄潇、刘荣荣、侯林虎、任林平、刘斌、陈小玲等同学也参与了译文的录入、校对等工作,在此表示衷心感谢!

本书的译著工作是恩师谷川道雄先生的指命,受命至今几近十年。其间由于家门不幸,闺阃蒙尘,以致延宕至今。先生未及见书,于2013年6月7日仙逝,每念及此,不禁唏嘘!

张学锋

2015 年 3 月 5 日

书于金陵龙江公寓

「宫崎史学」的东西交通视野

张学锋

　　随着中国政府《推动共建丝绸之路经济带和 21 世纪海上丝绸之路的愿景与行动》的发布，古老的"丝绸之路"再次跃入人们的视野。面对目前最高的国家级顶层战略，中国学界新一轮的"丝绸之路"研究热潮已扑面而来。在"丝绸之路"或"一带一路"研究机构及学术活动遍地开花的今天，我们回顾一下日本史学家宫崎市定（1901—1995）早年关于"东西交通"的相关研究成果，或许对我们今天的研究不无裨益。

"江户汉子"与"巴黎姑娘"

　　"流经日本桥①下的水，与泰晤士河相通；江户汉子②吸进去

---

①　日本桥位于日本东京都中央区北部，是江户时代五大驿道的起点，桥中央有通往全国各地的里程路标。

②　江户汉子指在江户（今东京）出生长大的人。主要指商人和手艺人，包含具有男（转下页）　127

的空气,有巴黎姑娘呼出来的气息;柏林墙的问题,与朝鲜的三八线在本质上是一致的。在学术研究中,要想理解世界历史,那么,最终的关键似乎正藏匿在东洋史中。如果想真正探究西洋史的意义,那么,对东洋的理解则必不可少"。①这是宫崎市定1950年为自己的著作《东洋的近世》所撰"前言"的开篇。土生土长的"江户汉子"吸进去的空气中,怎么可能会有金发碧眼的"巴黎姑娘"呼出来的气息!但,这就是宫崎市定的史学视野。当然,"江户汉子"与"巴黎姑娘"只是一个隐喻,但就像"柏林墙"与"三八线"所明示的那样,纵贯东西,站在世界史的立场上,用世界史的眼光来理解"东洋史",同时通过对东洋史的理解来探究西洋史的意义,是宫崎史学中最具特色的一点。

"东洋史学"是日本历史学研究中的一个重要学科,创始1894年(清光绪二十年、日本明治二十七年)。中日之间爆发的"甲午战争",以清朝的失败而告终。这场战争的结果,对日本历史学界的影响是深刻的。这一年,在日本高等师范学校校长嘉纳治五郎的召集下,该校教授及相关高中教师对日本国此后历史教育的发展方向展开了探讨。会上,该校教授那珂通世(1851—1908)提出了两点建议:第一,参照既有的"西洋史学科",必须创立与之相应的"东洋史学科";第二,新创立的"东洋史学科",尽管依然是

(接上页)子汉气质、花钱痛快及有勇无谋两方面的意思。

① 宫崎市定《东洋的近世》,文本据《宫崎市定亚洲史论考》(以下简称《亚洲史论考》)上卷,朝日新闻社,1976年,第185页。

以中国史为中心,但必须涵盖东洋各国、各民族的历史。那珂通世将外国史教育分成西洋史、东洋史两部分的提议,不用说是受到了明治维新以来日本对亚洲及世界的认识不断深入的影响。明治维新以后,尤其是在明治二十年(1887)以后,日本迎来了近代国家的快速成长期,面对"西洋"这个庞然大物,日本的思想界、学术界逐渐产生了自己作为亚洲人的自觉,并逐渐形成了相对于西洋文化东洋文化同样具有相当的独特性这种时代思潮。那珂通世的倡议,基本上就是这种时代思潮的反映。[1]

那珂通世之所以倡议创立东洋史学,并主张东洋史尽管仍以中国为中心,但必须涵盖东洋各国和各民族的历史内容,这与他自己的史学实践密切相关。明治十九年至二十一年(1886—1888),那珂用汉文编写了中学历史教科书《支那通史》。然而,《支那通史》只写到了宋代。那珂认为,元朝以后的历史记载殊不可信,作为蒙元史研究的基础史料《元史》,存在的问题实在太多。因此深切地感受到,如果真想写出一部周密而完整的元朝史,除以汉文撰成的中国历史外,还必须认真研究蒙古人纵横东西的大历史,尤其是要对控扼东西两大世界交流的西域做出深入了解。此后的那珂,阅读了较多的西洋学者关于西域的研究成果,折服于西洋学者研究领域之多彩、学术视野之广阔以及结论之缜密。晚年的那珂通世以惊人的精力自学了德语、俄语,同时还学习了

---

① 参见江上波夫编《东洋学的谱系》所载《那珂通世》(田中正美执笔),大修馆书店,1992年,第2—3页。

满文、蒙文,在短短的十年间,完成了许多蒙元史基础史料的校订,尤其是基于蒙古文《元朝秘史》译注的《成吉思汗实录》一书,成为蒙元史研究中里程碑式的成果。对那珂而言,费其大半生所钻研的"支那史",不仅在名称上转换成了"东洋史",而且在实质上也变成了涵盖东洋各国及各民族历史的"东洋史"。①

之所以不惜笔墨介绍日本"东洋史学"的创立及首倡者那珂通世本人的业绩,目的只有一个,这就是,学术研究必须要有广阔的视野,中国史的研究,必须要有世界史的视野。"江户汉子"与"巴黎姑娘",虽然身处世界的东西两端,但他们之间,气息是相通的。

"东洋史学"的创立和那珂通世自身的努力,深刻地影响到了此后的日本史学界。与那珂通世有师承关系的两位学生白鸟库吉(1865—1942)和桑原骘藏(1871—1931)均受其熏陶,作为当时东京帝国大学和京都帝国大学的两大东洋史学科带头人,在欧洲实证主义史学的影响下,超越了传统的"支那史",基于世界史的视角,在东北亚民族史、草原民族史、西域民族史、东西交通史等领域做出了重要的贡献。其中,桑原骘藏的《中等东洋史》和《宋末提举市舶西域人蒲寿庚的事迹》这两种著作在中国尤为人称道。

宫崎市定即桑原骘藏及另一位中国史学大师内藤湖南(1866—

---

① 参见江上波夫编《东洋学的谱系》所载《那珂通世》(田中正美执笔),大修馆书店,1992年,第4—6页。

1934）的亲传弟子。① 1922 年进入京都大学文学部史学科学习的宫崎市定，不仅继承了内藤湖南扎实的中国史学功底及中国史分期学说，更受到了桑原骘藏、矢野仁一（1872—1970）、羽田亨（1882—1955）等人东洋史学及世界史学这一广阔视野的熏陶，研究领域涉及中国史、中亚西亚史、日本史及欧洲史，著作等身，成为 20 世纪日本最具代表性的东洋史学研究者。宫崎广阔的史学视野表现在其几乎所有的著作之中，而东西交通史观的运用和实践，主要集中在《东洋朴素主义的民族与文明主义的社会》《日出之国与日没之处》《菩萨蛮记》（又名《西亚游记》）《东洋的近世》《中国古代史概论》《东洋史上的日本》《十字军对东方的影响》《东洋的古代》等篇章中。②

　　宫崎市定的研究领域虽属东洋史学，主要研究对象是中国历史，但其时时观照其他文明、展开对比研究的手法非常令人瞩目。如其在 1965 年初版的《东洋的古代》一文"前言"中说："我研究的出发点，是力图站在世界史的高度，有意识或无意识地将中国古代的文化、社会与欧洲、西亚的文化、社会进行比较；还有，正如希腊文化、拉丁文化为欧洲人所共有一样，中国的文化和社会组织，并不只为中国所独有，而见于整个东亚世界。因此，本研究虽

① 宫崎市定的生平及著述，可参见砺波护、藤井让治编《百年京大东洋史》（京都大学学术出版会，2002 年，第 219—250 页）及韩昇、刘建英译《九品官人法研究——科举前史》书后附录《宫崎市定著作年表》（中华书局，2008 年，第 394—449 页）。
② 所列诸文均为其 1940 年到 1965 年之间的论著，后均收入其论文集《亚洲史论考》。中译本张学锋、马云超等译，上海古籍出版社 2017 年出版。

然实际内容是中国,但与此前研究近世和中世时一样,我还是使用了'东洋'一词。"①

又如,在初版于1940年的《东洋朴素主义的民族与文明主义的社会》中谈到中国历史上首个大帝国秦王朝时说:

秦王朝是中国历史上最早的巨大帝国。与西方古代历史的比较也颇有趣味。波斯大流士大王统一古代东方诸国是公元前518年,比秦始皇约早300年;亚历山大大帝率兵东征,灭亡波斯帝国是公元前330年,比秦始皇早约100年;迫于亚历山大大帝东征的压力,应运而生的印度孔雀王朝阿育王南征北战,将帝国的版图推向了空前,这一年是公元前261年,比秦始皇统一中国早约40年。在统一以后帝国的统治方策上,秦王朝所采用的手段也与西方如出一辙,东西方表现出了惊人的一致。秦始皇统一天下以后,为了让皇帝的威严光被万民,他多次巡幸,每到一处,都要刻石记功,训导百姓,以垂后世。并以都城咸阳为中心,向四方建设驰道,这些重要的军事通道确保了中央与地方的密切联系。同时统一了全国的度量衡、文字及货币。自波斯大流士大王以来,凡是强权君主,在征服各国以后,都会采用几乎同样的手段,确保统一国家的正常运作,郡县制度,就类似于波斯帝国设省置总督的州长制。②

从上引两个段落中频繁出现的中国、东洋、欧洲、西亚、波斯

帝国、孔雀王朝、希腊文化、拉丁文化、大流士、亚历山大、阿育王、总督州长制、郡县制等名词中,我们已经可以感受到了宫崎史学的视野,即世界史的高度。

交通线路与文明

在宫崎史学中,沟通各大文明之间的交通线路,一直是其探讨人类历史的主线。在初版于 1950 年的《东洋的近世》中,宫崎首先认识到了过去往往被忽视的交通在历史发展过程中的重要作用。"翻开历史地图,国境线画得清清楚楚,甚至还用不同的色彩来表示国家的疆域范围,但是,这在我看来几乎是毫无意义的。历史地图如果去掉交通路线的话,我们根本无法从中读出它的历史意义来。例如,万里长城真的有必要一直延伸到那么遥远的西部吗? 针对这个问题,答案是简单的。这并不是因为长城西部的南侧居住着很多需要特别保护的汉人,而是因为这一线是中国通往西方的交通大干线,为了保护这条交通路线,长城完全有必要延伸到遥远的西部。沿着长城南侧的各个狭长的沙漠绿洲上,分布着汉人的郡县,保证了汉朝内地与西域诸国之间的交通畅通。"[①]一语道出了当下历史地图的局限性和修筑万里长城的另一

---

① 宫崎市定《东洋的近世》,《亚洲史论考》上卷,第 200 页。

层重要意义。

在宫崎看来,人类的文化因交通而发达。"居住在北极的爱斯基摩人,以及南非、澳洲的土著居民,他们的文化都不繁荣。这并不是因为这些地方的自然资源贫乏,而在于他们远离世界交通的大动脉,被人类的进步所遗忘。人类的文化,说到底是人类全体合作的产物。某个地方的发明,因为交通,成为全人类的共同财富。受到刺激的其他地方,往往又能产生更新的发明。人类文化的发展,虽然有时也会出现一些波折,但总体上是不停向前发展的,只要看一下纸、火药、罗盘等发明的传播路线便可一目了然。然而,与世界交通疏远的地区,其居民无法均沾人类文化所带来的利益,反而因为文化差距的日益加大,在意识上更加抗拒外来文化,从而进一步加深了自身社会的封闭性,与外界的交流变得越发困难"。① 因此,宫崎认为一个地区的文化发展水平与交通的流量成正比,文化的发达不用说是需要舞台的,条条大路通长安,这就是贯穿东洋古代和中世纪的一般现象。

具体到今天再度热议的海陆丝绸之路问题,宫崎在《东洋的近世》卷首"世界与东洋的交通"一节中,即对其意义作出了深刻的理解,我们举两例来说明。

第一,关于陆上丝绸之路。宫崎如下说:从秦汉统一到唐代,中国的都城主要设在长安,间或设在洛阳。长安位于今陕西省渭

---

① 宫崎市定《东洋的近世》,《亚洲史论考》上卷,第 201 页。

水盆地,自古以来,盆地周围的分水岭上就设有四个关口,防御外敌的入侵。所谓的"关中"之地,所恃的是天然的山河之险。此外,还可以找出交通上的理由。当时,世界性的交通干线,通过今新疆天山南路的孔道,贯穿着东亚和西亚,长安则是控扼从西方延伸而来的交通路线进入中国东部大平原的关口。也就是说,长安是对西方贸易的陆港,中国的特色商品首先积聚在这里,然后卖到西方商人的手中;同时,外国进来的商品也在这里卸货,然后转卖到全国各地。①

不仅如此,宫崎还关注到陆上丝绸之路的东延。"这条横断亚洲大陆的交通路线,从长安伸向更远的东方,经过洛阳,沿黄河出渤海湾,沿中国东北和朝鲜海岸,到达日本的九州北岸。日本民族一开始就充分利用这条交通路线,与大陆之间展开了贸易"。② 宫崎在几乎70年前,就认识到了丝绸之路不仅仅是起点于长安通往西方的交通路线,而是贯穿亚欧大陆东西向的交通大动脉。

第二,关于海上丝绸之路。宫崎主要是通过探讨隋唐大运河的世界史意义来切入的。宫崎说:连接东亚和西亚的交通路线,除上述贯穿北方的陆路外,还有南方的海上航路。中国沿海的航路,按理可以通往任何地方,但实际上由于长江口以北的沿海缺乏良港,海岸离陆地上的聚落相对较远,航海的风险极大,因此长

①　宫崎市定《东洋的近世》,《亚洲史论考》上卷,第203页。
②　宫崎市定《东洋的近世》,《亚洲史论考》上卷,第203页。

期以来未见有所发展。长江以南的浙江、福建沿海,海岸线比较曲折,可以找到抵挡风波的港湾,并且时有运送大军的记载,可见从古代开始就在一定程度上加以了利用,但大规模的海上交通,则是以广东为起点的南海航路。从广东出发,趁着冬季贸易风的航船,途中在占城沿岸停靠,取得燃料、饮水和粮食的补给,再一路南下,自然可以到达马来半岛的南端新加坡一带。从新加坡开始,航路分为两条,转往东南,则经爪哇可以到达香料诸岛。很多中国商船以爪哇为终点,满足于从爪哇人那儿购得商品。

从新加坡转而往西,经马六甲海峡,出印度洋,横渡孟加拉湾,可以到达锡兰岛。中国商船大多在此与印度、波斯及阿拉伯商人交易大宗货物,然后折回,继续往前到达波斯湾口的商船非常罕见。流入波斯湾的有两条大河,底格里斯河和幼发拉底河,溯两河而上,就能与北方的陆路大干线交会。幼发拉底河的西岸就是叙利亚,这里面临地中海,从海岸的任何一个地方都可以出航欧洲。

这样,贯穿亚洲东西的南北海陆两大交通路线,其西端在西亚的叙利亚附近会合,但东端就没有这么简单了,这是由中国的地形决定的。尽管中国拥有广袤的平原,但其主要的河流均为东西流向,这有利于东西之间的交通,但南北的交通却受到阻碍。由长安往广东,必须数次横渡宽广的大河,翻越横亘在这些大河流域的高山峻岭。为了消除这样的不便,中国自古以来就尝试着在平原上开凿运河。大河从西往东流,在这些大河下游的平地上开凿南北向的运河,并不是一件特别困难的事。古运河在中国各地早就存在,隋炀帝对之进行了大规模的整治,使之成为系统性的大运河。这个水路网络,北自白河,贯通了黄河、淮河、长江,直达南方的钱塘江口。①

站在世界史的立场上来看,宫崎认为,历史上罕见的暴君隋炀帝留下的遗产大运河对后世的恩惠,当然就不应该只从中国历史的角度去评价它,它在促进中国内部交通的同时,还将横贯亚洲的南北海陆两大干线的东端贯通了起来,这是一项具有世界史意义的伟大事业。正是因为大运河的开通,从长安出发沿黄河而下先达开封,在这里换乘进入运河,可直达钱塘江口杭州,再沿浙江、福建海岸南下,不必冒太大的风险就可以到达广东。中国从此不再是东西交通路线终点的死胡同,而成为世界循环交通路线中的一环。在大运河开始发挥作用的唐代,西方的波斯人、阿拉伯人的目的地不再是单纯的长安或广东,他们来到长江与运河交汇处的扬州,在这里建立起了繁华的留居地,从事商业活动,人数据称有数千人之多。当然,宫崎在强调大运河的世界史意义时,并无意看轻它给中国带来的影响,他认为受大运河影响最大的,不用说是中国自己。②

在《东洋的近世》结语中,宫崎再次强调:交通在历史上的意义,不止是把两者联系在一起,交通不是一种仪礼,而是两个用链

---

① 宫崎市定《东洋的近世》,《亚洲史论考》上卷,第204页。
② 宫崎市定《东洋的近世》,《亚洲史论考》上卷,第205页。

条连接在一起的齿轮,一边转动,另一边也会同时转动。把世界上的人类看成是同一种有机的生物,这样或许更加恰当。这种生物在世界各处都能扎根,在一处吸收到的养分,可以马上循环到别的地方。从东洋吸取的养分,结集到了欧洲,在这里成为推动工业革命和政治革命的动力。用长远的历史眼光去看,这个养分一定会再度成为新的活力,渗透到整个世界,这个日子一定会来临。①

从西亚出发的"文明之车"

当我们面对世界古代史中埃及、美索不达米亚、印度、中国出现的这些特殊文明时,我们不禁要问,这些文明是相互间没有任何关联而独自发生的呢,还是存在着一个最古老的源头,文明从这里传播到四方,从而形成了不同地区的文明?亦即文明的一元论或多元论的问题。宫崎市定更倾向于一元论。在初版于1958年的《东洋史上的日本》这篇长文中,宫崎认为:"对人类历史而言,几千年的时间已经前相当遥远了,固然很难举出确凿的证据来加以论断,但是,我总觉得一元论的传播说似乎更接近事实。"②在思考这一问题时,宫崎认为,人类文明的交往,最好的途径就是

---

① 宫崎市定《东洋的近世》,《亚洲史论考》上卷,第 286 页。
　② 宫崎市定《东洋史上的日本》,《亚洲史论考》下卷,第 487 页。

商品交易,再也没有像商品交易那样又经济又有效果的了。与历史学家的想象相反,交易并不是在世界已经相当进步之后才出现的,从远古未开化的时代开始,交易就已经出现了。到了新石器时代,黑曜石、硬玉等制作石器的材料就已经交易到了很远的地方。所谓"完全孤立的人群"和"被隔绝的社会",实际上从来就没有过。人类的生活本来就像网眼那样环环相扣,只是网眼的大小越是远古就越稀疏而已。①

宫崎认为,美索不达米亚周围出现的青铜文化逐渐向四方传播,但要想证实它的传播路线是有困难的。然而,印度和中国的青铜文化作为这一传播的结果,则是相对容易推测的。不过,这种传播需要很长时间。从美索不达尼亚传到印度北部,其间约需一千年,然后再传播到中国北部,又需要一千年。这种传播并不是像铺设铁轨那样一步一步地计程前行,而是像马车那样,先在各处建设基地,然后再由此向前进发。因此,途中有些小的基地后来并没有获得很大发展,一直等到到达印度和中国那样的大平原上,大的基地才得以在那里成长起来,后来那里的发展竟超过了自己的祖国。而青铜文化传到了中国北部的黄河流域后,那里便产生了殷周文化,形成了中国文化的源流。② 在宫崎思考这一问题时,能断定为夏代的青铜器基本上还没有出现,今天,我们可以把夏代也包含在其中了。

---

① 宫崎市定《东洋史上的日本》,《亚洲史论考》下卷,第489页。
② 宫崎市定《东洋史上的日本》,《亚洲史论考》下卷,第491页。

继而在文明的起源地美索不达米亚出现的铁器文明,其意义不亚于之前的青铜文明。铁器发明的时间及地点也不是很清楚,但在亚述帝国时代(公元前 800 年前后)已经大量使用,铁制兵器替代了以前的青铜武器。宫崎指出:铁器出现的意义,与其说在于它的锐利,不如说在于它的价格的低廉和产量的丰富。在青铜时代前后持续的一千多年间,生产不断累积,社会上的金属也逐渐丰富了起来。金属兵器的丰富,很容易造成政治权力的集中,于是古代的"都市国家"①开始衰微,代之而起的是中央集权的大领土国家逐渐成长。这种倾向,因铁器的出现而愈发明显。在亚述帝国灭亡之后,经过一段时期的混乱,出现了波斯大帝国(前 550~前 330)。波斯帝国的大一统,基本上决定了西亚文化可能扩张的最大范围,给后世留下了深刻的影响。波斯帝国是世界历史上所有古代帝国中最具代表性的一个,而波斯帝国的大一统之所以能够实现,就是因为其孕育了以丰富而低廉的铁器为代表的生产和文化。

源自美索不达米亚的铁器文化,通过以前青铜文化曾经走过的道路向东方传播。但是,两者之间的传播速度却大相径庭,铁器文化的传播速度远比青铜文化快速。这是因为青铜文化一度通过之后,道路便已经铺平。与青铜文化相比,铁器文化是一种锐利得多的文化。一切锐利的文化,其传播速度可以说都是很快的。这两种文化的东传,就好像是公元前 3000 年从美索不达米亚出发了一辆

---

① "都市国家"是宫崎对古希腊城邦国家 Polis 的翻译。

青铜马车,过了两千年,从后面追赶上来了一辆铁制的卡车。

在这两种文化的发源地美索不达米亚,从青铜的发明到铁器的发明,其间大致经历了两千年。这一段时间,就是所谓的青铜时代。但是在接受这两种文化的地方,由于接收方式的不同,青铜时代大大缩短了。就中国而言,假设接受青铜文化是在公元前1000年左右,那么此后追赶上来的铁器文化,在公元前400年左右就到达了中国。① 这样,中国的青铜时代就只有六百年了,因此,中国的与青铜文化共存亡的都市国家也只有六百年左右的历史。因其历史较短,这就使中国的都市国家未能得到充分的发展。中国虽然经历过都市国家的时代,但历史学家却往往看不到这个事实,其原因正是因为在都市国家的文明还没有得到充分发展的时候,铁器文化就进来了,随着铁器文化的进入,中国很快出现了大的领土国家。

从西亚驶向各处的文明之车,其东方之旅,在中国近几十年的考古工作中也得到了相当程度的印证。近期,王巍在《汉代以前的丝绸之路——考古所见欧亚大陆早期文化交流》一文中,勾勒出了西汉丝绸之路开通以前东西物质文化交流的基本面貌。王文指出:早在距今七八千年的新石器时代中期,生活在黄河中下游地区的先民们就与西域地区的居民发生了交流。黄河中下游地区最早驯化的黍,从东方逐渐传向中亚西亚。至迟在西周时

---

① 随着中国考古资料的不断发现,宫崎半个多世纪前的一些数据已有修改的必要,但这并不影响其原有的思路和结论。

期,中国内地生产的丝绸已经被运到了西域。春秋战国时期,中国丝绸已经在西域乃至西亚受到了广泛的喜爱,并可能已被销往地中海沿岸。与之相对,大约距今 5 000 年前,源自西亚的青铜冶铸技术、小麦、绵羊、黄牛、家马等手工业技术及家畜,已经通过河西走廊传到了黄河中下游地区。距今 3 300 年前的商代晚期,商王朝都城朝歌的贵族们使用的玉器中有部分和田玉,表明此时存在着一条连接中原与甘肃、青海、新疆一带的玉石之路。约 3 000 年前,源自西亚地区的冶铁技术传入我国新疆,至迟在西周晚期传入中原。此外,西亚产的玻璃器、玻璃珠饰、极具欧亚草原特征的动物纹青铜器以及马车等等,也通过西域传入了中国内地。①

王文高度概括了上古时期西亚与中国之间物质文明的交流状况,也是中国考古学者对这一问题作出的首次阐述,其观点与结论,与宫崎市定半个多世纪前的思考基本一致。毋庸置疑,从西亚出发的"文明之车",装载着人类历史最早的文明,从西一路往东方行驶而来。

世界史体系的新构想

1936 年至次年的 1937 年宫崎市定在法国访学期间,有机会

---

① 王巍《汉代以前的丝绸之路——考古所见欧亚大陆早期文化交流》,《中国社会科学报》2016 年 1 月 12 日。

考察了西亚和北非，1944 年出版的《菩萨蛮记》（后改名《西亚游记》）详细记录了这次游历的见闻及历史学思考。在该书第二部《西亚历史概述》的篇首，宫崎出人意料地对顾祖禹《读史方舆纪要》中"湖广形胜"一段进行了"自由翻译"。

顾祖禹《读史方舆纪要》湖广方舆纪要序：

> 湖广之形胜在武昌乎？在襄阳乎？抑在荆州乎？曰：以天下言之则重在襄阳，以东南言之则重在武昌，以湖广言之则重在荆州。

宫崎的"自由翻译"：

> 贯穿埃及、叙利亚及美索不达米亚之一线，谓之新月形肥沃地带。以西亚史言之，则美索不达米亚最为重地。以地中海史言之，则埃及最当紧要。而若以世界史之重言之，则不可不以叙利亚为首屈一指。[1]

宫崎之所以这么做，是因为他痛感到了当时世界史体系的缺陷。在《菩萨蛮记》第二部的序言中，他指出了这些缺陷的根本所在："尽管频频有期盼所谓构建世界史的声音，但在思考世界史的

---

[1]　宫崎市定《菩萨蛮记》，《亚洲史论考》上卷，第 430 页。

体系时，抽象的、观念的思考另当别论，而想要通过实证的手法加以思考时，便会遭遇到技术上难以克服的困难。理由尽管有多种多样，但我认为一个主要的原因，是现在的历史学被截然分成了东洋史和西洋史两个部分。"①

当时的现实是，西洋人以欧洲历史为中心，再加上一些亚洲史的知识，其学问便可称之为世界史了。基于这种不满，明治时期的日本学者率先以中国史为基础，构建出了所谓的东洋史。但宫崎认识到："即使把这两种起源不同的历史合在一起，也还是构建不了世界史。"②这就像是将中国三十几个省市自治区的通史合在一起也构成不了中国通史一样。因此宫崎痛感到如果只是将东洋史和西洋史简单地拼凑到一起，如不进一步从更高的角度来对其进行概括统一，世界史则无法诞生。

因此，宫崎非常重视人类文明最早起源的西亚叙利亚地区，认为叙利亚王朝存在的意义，往往被历来的史学家忽视了。当时，从中国或印度通往地中海沿岸的交通线路已经开通。这两条交通干线，从中国经中亚沿里海南岸横穿幼发拉底河上游，即可到达叙利亚的地中海海岸；从印度经波斯湾口沿幼发拉底河而上，在埃德萨附近舍船登岸，横穿叙利亚即可到达地中海海岸。为此他对中国《后汉书》《魏略》等史书留下的相关地点进行考

---

① 宫崎市定《菩萨蛮记》，《亚洲史论考》上卷，第 431 页。

② 宫崎市定《菩萨蛮记》，《亚洲史论考》上卷，第 431 页。

证,认为东汉甘英出使西域时正是通过叙利亚到达地中海沿岸的,所谓的"条支国"正是叙利亚王国,"于罗"是叙利亚王朝的中心城市之一阿勒颇,"安欲"是安提俄克,"且兰"为耶路撒冷,而"大秦"不用说指的就是罗马帝国。显然,控扼东西交通要道的就是叙利亚王国。

对叙利亚在东西交通线上的重要意义以及其在古代东方各国历史上的地位,宫崎是通过与日本濑户内海的比较展开的。他将地中海周边的地图与日本濑户内海的地图进行对比,称如果将地中海最西的直布罗陀这个地点重合在日本的下关,叙利亚便恰好是大阪平原。大阪在日本历史上除仁德天皇时期外,从未成为过政治中心,因而其重要性很容易被忽视,但大阪在日本国内东西交通线上的地位之重要,则是无与伦比的。从大阪出发,向东经奈良可以通往名古屋和三重,向北经京都可通往山阴、北陆,西临濑户内海,向南则可至和歌山、高知。与此相似,叙利亚向东通往美索不达米亚,向北通往小亚细亚、里海和黑海,西临地中海,向南经埃及可至红海、埃塞俄比亚。不同的是,今天大阪在日本国内依然是交通要冲和经济中心,而叙利亚则因东西交通路线的变化,已几乎无法窥见其旧时的面貌,但其在古代历史上的重要意义是不可忽视的。

关于世界史体系的新构想,宫崎在《十字军对东方的影响》一文中直接表达了对欧洲人有关十字军研究的不满,这个不满就是

"他们总是将目光投向西方这一点"。① 欧洲学者关注的是十字军对欧洲历史的意义,即政治上促进了封建制度的崩溃,宗教上使教皇的权力一时得到扩张后又致其衰落,学问上获得了天文学、数学、化学和文学等新的学科知识,经济上促进了东西交通、远距离贸易的发展,等等。简要地说就是在几乎所有的方面都刺激了欧洲社会,为此后的文艺复兴打下了基础。但是,宫崎在此发问:世界历史上如此重要的一个事件,其历史意义果真仅局限于欧洲来探讨就足够了吗? 并且将之与第一次世界大战相比,指出正如第一次世界大战又被称作"欧洲大战"一样,其主战场虽然在欧洲,但其所产生的影响却遍及全世界,尤其是日本和中国,在第一次世界大战中尽获渔夫之利,提高了国际地位,而且还被认为是此后中日战争及第二次世界大战的起因。如果说给欧洲带来巨变的战争,对亚洲也必然产生了深刻的影响,那么十字军的东征,也必须思考其与中亚和远东的关联。

　　在探讨十字军东征问题时,宫崎花费大量篇幅探讨的是东西方之间人和物的流动问题:从十一二世纪中国宋朝的国际关系、交通线路,到土耳其塞尔柱王朝的鼎盛;从中国经济的景气、科学技术的发展,到西亚资源的枯竭及普遍存在的银荒;从土耳其人的西迁,到西辽的建立再到蒙古的崛起,等等。而进入西亚的土耳其人,宗教上完全伊斯兰化,当他们前进到小亚细亚并与东罗

---

　① 　宫崎市定《十字军对东方的影响》,《亚洲史论考》下卷,第49页。

马帝国统治下的基督教徒发生冲突时,凭借武力上的自信对基督徒发起攻击。长期以来处于平静安眠状态的伊斯兰"圣战"意识被急遽唤醒,而惊恐退缩的东罗马帝国只能以同样的圣战来对抗圣战,向罗马教皇请求援助,从而引发的旷日持久的战争便是所谓的"十字军东征"。①

以上提及的所有历史事件,无一不是沿着这条东西交通要道展开的,而且,十字军东征引发的世界历史的种种波动,又大大促进了这条交通线路的发达。宫崎甚至断言,蒙古的兴起,也是土耳其人西迁所引发的波动之一,正是因为十字军东征开辟出来的交通路线,使得蒙古的西征变得更加容易。

从中国史走向世界史
——代结语

宫崎市定是东洋史学者,其研究的中心是中国历史。然而,在其等身的业绩中,虽然最基本的内容是对中国历史的思考,但从其最重要的论文集《亚洲史论考》这个书名中就可以看出,他的史学视野至少是亚洲史的;从上文并不完整的介绍中也不难发现,他的史学视野无疑又是世界史的。

---

① 参见宫崎市定《十字军对东方的影响》,《亚洲史论考》下卷,第50—61页。

在《亚洲史论考》上卷《前言》中,就中国古代史①的问题,他明确表明了自己的基本观点:"我认为,在中国文化的形成过程中,受到了起源更加悠久的西亚文化的影响。"②在《中国古代史概论》中,对欧亚大陆铜、铁两种文明的产生与传播路线进行了图解。在《东洋朴素主义的民族与文明主义的社会》中,更是从骑马战术、冶铁技术等许多细节上叙述了西亚文明对中国的影响。如此一来,宫崎语境中的中国史,已不再是常人眼中的"中国史",而是亚洲史的重要组成部分。

在思考中国历史的发展进程时,宫崎时刻将之与世界历史的变动进行关联互动。在思考看似纯粹欧洲历史的十字军东征问题时,宫崎是从蒙古草原游牧民族的西迁及宋王朝的社会进步切入的。同样,在思考欧洲文艺复兴、新大陆的发现、倭寇等问题时,也无一不是站在人类历史发展的共通点及互动上展开的。如此一来,中国历史、亚洲历史自然就成了世界历史的重要组成部分。而贯穿宫崎史学中国史、亚洲史、世界史的一根主线,不用说,正是其东西交通的视野。

原载《江海学刊》2016 年第 5 期

---

① 在京都学派和宫崎史学中,"中国古代"指中国有史以来至两汉时期的历史与社会。

② 宫崎市定《亚洲史论考》上卷,第 5 页。